传主从日本返回祖国时拍摄

传主在解放军服役期间拍摄

传主在日本海岸上拍摄

传主70岁时在书房拍摄

草根的真诚

李良杰的传奇人生

李良杰◎著

華文出版社
SINO-CULTURE PRESS

图书在版编目（CIP）数据

草根的真诚 / 李良杰著. -- 北京 : 华文出版社, 2025. 4. -- ISBN 978-7-5075-6153-1

Ⅰ. I247.5

中国国家版本馆CIP数据核字第20250XT914号

草根的真诚

著　　者： 李良杰

责任编辑： 寇　宁

出版发行： 华文出版社

地　　址： 北京市西城区广外大街305号8区2号楼

邮政编码： 100055

网　　址： http://www.hwcbs.cn

电　　话： 总编室 010-58336239　　责任编辑 010-58336195

发行部 010-58336267

经　　销： 新华书店

印　　刷： 涿州汇美亿浓印刷有限公司

开　　本： 710mm×1000mm　1/16

印　　张： 17.5

字　　数： 175千字

版　　次： 2025年4月第1版

印　　次： 2025年4月第1次印刷

标准书号： ISBN 978-7-5075-6153-1

定　　价： 60.00元

前　言

草根，不知道什么时候，其自然属性变为社会属性，成了当下在中国极为流行的名词。上百度搜索一下就会出现九千万个词条：草根网、草根吧、草根论坛、草根组织、草根社会、草根阶层……数不胜数。有人说："草根"这个词是舶来品，首先在西方国家提出。其实在中国古代，早有类似的叫法。看古戏，不是经常可以看到大臣向皇帝奏本时，自称草民如何如何吗？而县官在衙门里审讯老百姓时，又常常拍着惊堂木喊道：大胆草民！琢磨来琢磨去，我觉得现在说的草根就是古代说的草民。从一定意义上说，草根阶层是生活在社会基层的人民大众。

对于草，白居易有诗歌颂："野火烧不尽，春风吹又生。"

草有顽强的生命力。不论是长在肥沃的平原，还是长在贫瘠的山区；不管是长在高山岩缝中的野草，还是长在路边碎石中的荒草，风吹日晒无所惧，人踩车压不屈服。秋风把野草吹黄了，太阳把野草晒枯了，大雪把野草埋没了，待到来年春风一吹、春雨一浇，又是一片春草绿，又是一片花烂漫。

草不仅有顽强的适应力、忍耐力，而且有强大的凝聚力。一棵小草很不起眼，一片野草不成气候，但如果是漫山遍野的野草，谁敢小觑？人类在城市种草绿化环境，在沙漠种草固沙、抗击风灾。人类的先祖神农氏尝百草，识五谷，才使华夏进入农耕社会，才有了后来的五谷杂粮、中医中药。大自然证明了草根的伟大、草根的力量。

人们给自然领域里的草根赋予了社会性，从草根引申到草民，用草根阶层来比喻生活在社会基层的工农大众。我觉得这完全符合我的身份、我的经历。从阶级划分的角度看，我出身贫雇农家庭，当过士兵，当过工人，一生主要当农民，是个完完全全的“草根”。从社会阶层的划分看，抗战时期，除了那些在战场上与敌人搏斗牺牲和在大屠杀中被日军杀害的人员，在中国社会中，有两个受害最深的人群，一个是被日军虐待和奴役的数百万战俘、劳工，一个是数十万被日军暴力侵害的“慰安妇”，这两个人群不仅遭受了肉体的摧残，而且遭受了精神的折磨。这种创伤不只存在于战争年代，而且伴随一生。因为日本的侵略，我出生七年就当了亡国奴，十四岁就和战俘劳工一块儿被抓到日本。要揭露日军的暴行，要述说战争的残酷，我们这代草根最有发言权。我们这代人所遭受的苦难，是难以用语言表达的；我们这代人的悲惨童年，也是今天的儿童难以想象的。

回首往事，我这个草根阶层中的一员，十三岁被日本人抓去做工，竟敢把日本抢夺中国农民的马匹，机智地赶回；十四岁被抓到日本当劳工，竟敢同三井公司的日本把头抗争，即使被关木笼也不屈服；十六岁被国民党军骗去当兵，竟敢枪毙荒淫腐败、滥杀士兵的营长……按照一些人的说法，我可谓是大胆草民，但我只是自认没有虚度年华，没有枉活此生。

如今我已进入耄耋之年。人们常说：七十三、八十四，阎王爷不叫自己去。传说这是因为孔子活了七十三岁，孟子活了八十四岁。圣人况且有大限，何况我们草民、草根？在此之际，我想把我的坎坷人生做个回顾，留给我的家人，讲给我的朋友，请大家分享，请世人评判。要记述八十年的人生很难，要说清其中的是非就更难了。就让我这个草根做一次尝试，从苦难童年开始，谈谈我的人生故事吧！

（注：为了保护别人的隐私，文中有些人名是化名。）

目　录

塘沽集中营的遭遇

东瀛做苦工

被骗当了国民党兵

加入人民军队

告别军营返故乡

在改革开放的大潮中

苦难的童年

从伟大祖国的首都北京，乘火车沿京广铁路南下，经保定，过定州，有个小站叫东长寿，现在是河北省石家庄市辖新乐市所在地。别看这个地方不起眼，但在新石器时代，这里却是人类先祖三皇之首伏羲生活繁衍之地，也是我这个草根阶层有幸出生的地方。

荒天野地

1904 年芦汉铁路（今京汉铁路）修建到伏羲台，伏羲台附近的东长寿村设立了一个小站，这里从此跨入了近代。1911 年辛亥革命推翻了大清王朝，建立了民国。

时间进入 1930 年的初夏，在新乐县东长寿镇北齐同村北的荒郊野地里，住着一户从河南逃难来此的人家，夫妻二人靠租种地主的土地，种粮卖菜为生。说是家，其实并没有房子，只有一个用柴草搭顶的地窖。每到冬天，北方农民为了储藏蔬菜，常常在平地上挖个土坑，上面用树枝和柴草搭一个斜坡的顶棚，以遮风避雨，这便是地窖，又称地窨子。

这个地窖并不大，长四五米，宽三四米。窖内除了一盘土炕和炕边的锅灶，没有什么回旋的余地。窖深约两米，大人站起来将将碰不到头。土坑向南的一侧挖了个斜坡缺口，当进出的门和台阶。门口挂了一个破草帘子，可以挡挡风寒。窖内没有窗户，只有在天晴时，才能从门口进来一缕阳光。阴天时窖里一片黑，靠一盏棉油灯，才使窖内有点亮光。锅灶房架了块木板，放着锅碗瓢盆；炕上放着两床铺盖，几件衣裳；墙角放着几件农具和一辆卖菜用的独轮车，这就是他们的全部家当。

他们虽是外乡人，但因忠诚厚道，买卖公道，在周围各村人缘很好。加之夫妻俩吃苦耐劳、生活俭朴，家庭虽然贫穷，但生活却很和谐。看着妻子怀孕的身子渐渐笨重，男主人又是高兴，又是发愁：喜的是快要做父亲了，愁的是在荒郊野外的地窖里分娩，万一出事怎么办?

这一天终于到来。刚吃过早饭，女主人就感到腹部疼痛。为了安全起见，男主人很快到村里请来一位生过孩子的老奶奶帮助接生，接着又抱了些柴火，烧了一锅热水，把地窖烧得暖暖和和，按照老奶奶的吩咐做着各项准备。

年轻的女主人躺在土炕上，忍受着产前的阵痛，不知是喜悦还是痛苦，泪水和汗水遮住了她的眼睛。帮助接生的老奶奶忙碌地进行着引导和助产，大家都在等待着一个新生命的到来。

没有雷鸣电闪、霞光彩虹，也没有祥云笼罩、紫气萦绕，随着哇的一声啼哭，地窖内的气氛一下由紧张变作喜悦。一个赤裸的男婴呱呱落地。这个男婴就是我，炕上分娩的是我的母亲王慧兰，站在地上的中年男子是我的父亲李兰锁。父亲后来告诉我，这一天是 1930 年 5 月 22 日，农历马年四月二十四，正是二十四节气的小满。

守候在妻子身旁的李兰锁，听着“哇哇”的啼哭声，看着手脚乱动的儿子,掩饰不住内心的喜悦,脸上绽开了幸福的笑容。身在异乡,举目无亲,谁能和他一起来分享这迟来的幸福？此刻，他再也控制不住自己的感情，不禁飞也似的跑出地窖，站在农田里。

一望无垠的麦田泛起金黄，微风吹拂，好似此起彼伏的波浪。儿子的出世和丰收在望的小麦，给劳碌了半辈子的父亲带来了前所未有的好心情。他站在麦地旁，面对着老家所在的正南方向，“扑通”一声跪下了。他郑重其事地磕了三个响头，然后站起来，双手捧成喇叭状，放在嘴上，扯破嗓子喊道：“爹！娘！我李兰锁有后啦！您二老有孙子啦！” 这一年，父亲李兰锁五十二岁。

父亲的父亲，也就是我的爷爷叫李分。不知道是真的有预兆，还是其他什么原因，那天天未亮，爷爷李分就翻来覆去睡不着觉，于是早早起床，破天荒地打扫起院子来。院子里那棵梧桐树上落了几只喜鹊，对着他“喳喳喳”地叫个不停。爷爷李分心想：喜鹊叫，喜事到。今天会有啥好事降临李家？莫非河北的儿子家有喜事了！

在那兵荒马乱的年代，交通不便，书信不通，消息闭塞，生活在偏僻小村庄的农民既没电话，也没手机。爷爷李分当然不可能知道他的孙子来到了人世，只不过心里惦记逃荒到河北的儿子和媳妇罢了。

寻根问祖

从河北省会石家庄，乘火车继续向南，经过邢台、邯郸两个大站，就到了河南省最北端的城市安阳。安阳之名，始于战国末期，秦昭襄王五十年（公元前257年），秦将王龁攻克魏国“宁新中”邑，更名为“安阳”。变宁为安，其意相近；古时以水北山南为阳，此地在淇水之北，故名为阳。安阳更名后，一千多年没变名字，金、元时，改称彰德，明、清两代称彰德府。到中华人民共和国成立后，又改称安阳市。我的老家就在现今的安阳市内黄县窦公乡（今豆公镇）李大晁村。

内黄县地处黄河古道，因黄河而得名。汉高祖九年（公元前

198 年）设置内黄县，时属魏郡。立足魏地，自我观物，黄河以北为内，黄河以南为外，因其地处黄河以北，故名内黄。内黄县建县 2000 年，虽有两次废置，但县名一直未改。周代以前，黄河流经县西部，后来改道流经内黄县南部及东部，直到金明昌五年（1194 年）才又改道南迁，远离内黄。至今内黄县还留有黄河故道、鲧堤、金堤等遗址。

说起老家窦公乡，相传因隋唐农民起义军领袖窦建德曾在此屯兵而得名。窦建德系山东武城人，出身布衣，一生宽厚仁慈，行侠仗义、乐于助人，乡民有口皆碑。在家务农时，一乡民贫困潦倒，无法葬父，他把自家的耕牛卖了，把钱送去帮对方为父发丧，留下“辍耕济贫”的佳话。他揭竿起义后，与士兵同甘共苦，每次作战缴获的钱物一律充公，奖励士卒，就连妻子的佩戴穿着也形若乡间民女。他俘获的隋朝宫女多达千人，全部得到释放。对俘获的隋朝官员，愿留下的量才录用，并委以重任；愿回乡的给盘缠派兵护送出境。他征战在中原大地，自称夏王，后来在声援王世充时，与李渊的唐军在虎牢关激战，不幸被俘，遭到杀害。他死后，部下把他的尸骸收集运到河南偃师，修了窦公墓，河南河北还有多地为他建了衣冠冢。他虽然是个失败的农民起义领袖，但当地人民并没有以成败论英雄，我的家乡也为纪念他而改名窦公乡。

窦公乡位于内黄县城西北十七公里，是内黄、安阳、汤阴三县交界之地。境内洹河、汤河、卫河三河环抱，沟渠纵横，树林茂密，是土匪、响马横行猖獗之地。在那一带有“宁走南北二京，不走神标（窦公乡的一个村）窦公”的说法。

在窦公乡，有以李、田、关、崔四姓冠于前面的四个大晁村和晁寺，往东还有小晁村和汉晁村，据说都是为纪念西汉时期的政论家晁错而起的名字。在李大晁村，李家是个大家族，先祖从山西洪洞县移民而来。宋末元初，中原大地连年战争，硝烟弥漫，尸横遍野，已到了“春燕归来无栖处，赤地千里无人烟”的境地。朱元璋建立明朝后，即开始移民垦荒，但还没恢复元气。开国皇帝驾崩后，因长子朱标早死，长孙朱允炆继承皇位，大力削藩，剥夺分封在各地的叔父们的兵权。燕王朱棣以清君侧为名起兵靖难，史称“靖难之役”。建文帝朱允炆发兵平叛，两军在中原一带展开拉锯战，时间长达四年之久，每次大战兵力达数十万，结果燕王朱棣获胜，先夺南京，回师北京，改年号永乐。朱氏叔侄争权，黎民百姓遭殃，致使中原大地“村庄毁去十之八九，乡民仅存十之一二”。河北、河南两省人口，还不如山西一省人口多。内黄县东庄镇只剩下三户，窦公乡只剩下两户，颓垣废墟，野烟空锁。朱棣继位后，不得不从山西等地往中原一带迁民，据统计，当时内黄县接近一半的村庄是由迁徙的人重建的，全县五百个自然村，有一百一十多个村是以迁徙的人的姓氏命名的。我祖上就是这时从李唐时所居的山西洪洞，迁到河南内黄的。我们李大晁村的村名，就是以我们李家的姓氏命名的。

从明朝朱棣继位到清朝慈禧垂帘，历时近五百年，原来的一个大晁村，变成四个大晁村，我们李姓的移民在这儿繁衍了二十多代。李姓成了李大晁村的大户。祖爷爷已无姓名可考，只知道他生了三个儿子，结婚生子后分成三家。我大太爷爷生了四个男孩，排行从老大到老四；我太爷爷李老庄生了两个儿子，排行老五老六；我三太爷爷生了两个儿子，排行老七老八。我爷爷兄弟两个，他哥哥李秀称老五，我爷爷李分则称老六。三家十几个男人，除了自己的几亩地，多是给地主家打短工、扛长工，或是到浚县山上打石头，维持生活。

我太爷爷排行老二，但在家族中却起着领袖的作用。一次他外出办事，用一块银圆聘回两个姑娘，带回村后，尽管自己的两个儿子也没结婚，他却把这两个姑娘带到兄弟家，让其嫁给两个侄子当媳妇。虽然家里人多地少，家境贫寒，但在他的张罗下，八个子侄都成家立业了。太爷爷看到李家几代没有一个识文断字的，就想在子侄中选个人加以培养，看到二儿子李分聪明伶俐，就把他送去读私塾。李分读了几年私塾，成了村里能写会算的秀才，给大户人家当了账房先生。没想到环境的变化，却使他走上了歧路。爷爷李分当账房先生时，三教九流都能接触，他看到人家抽大烟，就好奇地跟着抽了几口，慢慢地跟着学，不知不觉竟上了瘾。

那时候，人们都知道，要想让谁家败落，最好的办法就是教他的孩子抽大烟。已有三个儿子和一个女儿的李分，烟瘾发作，置家事于不顾，把挣的钱全都用来买大烟吸了。手中没钱时，他就变卖家中的东西。家里原来有一处宅院，挨着地主家，地主扩建院落时看上了，想尽办法要占有。经不住地主的唆使，爱吸大烟的爷爷背着家人把宅院卖给了地主，使一家人连落脚的地方都没有，不得不在地里搭了个草棚艰难度日。为此太爷爷将爷爷臭骂一顿，逼其戒掉大烟，但爷爷烟瘾犯了难以克制，还是偷偷跑到烟馆里去抽。

灭洋反清的太爷爷

地处黄河一带的河南省，历来是一个多灾多难的省份。在近代，风、沙、旱、洪、虫、疫、兵、匪，灾难连年不断，农民穷困潦倒。黄河古道上的劳动人民像梢子棵（一种耐盐碱风沙的灌木）一样，在贫瘠的土地上顽强地繁衍生息。

清朝末年的北方农村，有一些以习武为主的民间结社，如义和拳、大刀会、真武会、无极会、忠孝团、六离会、红枪会等。因为太爷爷李老庄会点武功，又爱打抱不平，村民们推举他设坛建会，组织了一个红枪会，平时教大家舞刀弄枪，有事时集合起来活动。当时红枪会之间，只有横的联系，没有纵的关系，彼此不相统属。平时较少联络，遇重大战事，各个不同的会派可以互相联合，一致对敌。红枪会组织起来后，防匪盗、反恶霸、抗官兵、抗捐税，反对贪官污吏，代表了农民的利益，受到了群众的欢迎。

太爷爷因为正义无私、有勇有谋，不仅在家族里，而且在几个大晁村里威信都很高。

1900 年 6 月的一天，李大晁村的人像炸了锅似的，人们聚在街头，议论纷纷。

“朝廷向八国联军宣战了！”

“是呀，早就该给那些黄毛一点颜色看看了，咱中国人也不是那么好欺负的。”

“嘿嘿，打也白打，人家有洋枪洋炮。”

“呸！亏你还是中国人，想我大清泱泱大国，几个红毛绿眼鬼，能翻起多大的浪？”

人们或战或降，莫衷一是，到了吃饭时才渐渐散去。没多久，又端着饭碗，捏着咸菜聚到了一块儿，争论不休。

这天太爷爷刚从家里出来，就有人告诉他说爷爷去村东大烟馆了。太爷爷一听火冒三丈：这小子又旧病复发了，抽大烟把家快抽没了，还贼心不死。说着，他便往村东的烟馆走去。

这个烟馆是本家大地主的二儿子开的，此人三十多岁，中等身材，长得宽骨大架的，平日里游手好闲，这两年不知怎么跟镇里的洋教堂扯上了关系，在村边盖了座土房，开了个大烟馆。自从烟馆开业后，本村外村不少人染上了吸毒的毛病，有的此时已家破人亡，太爷爷早就对烟馆恨之入骨。

不一会儿，他就到了烟馆门口，烟馆老板慌忙迎上来，赔着笑脸说：“老庄叔，你怎么来了？”

太爷爷横了他一眼，也没搭话，自顾自地走了进去。小老板自觉头皮一麻，想拦，却也迟了。

烟馆有三间房那么大，两侧各有两道土墙，隔成左右两个单间，留有小门，吊着帘子，屋内弥漫着浓浓的烟气。

太爷爷撩开左边门帘，屋内是一排土炕，上边躺着四五个人，正在吞云吐雾。太爷爷瞥了一眼，没见儿子李分，又撩开右手门帘。李分刚装上烟膏，正躺在屋角的炕上吹泡，太爷爷一见，气不打一处来，一个箭步跨过去，一把将他拽下炕来，上去就是一个狠狠的耳光。鲜血立刻从爷爷的嘴角淌了出来。爷爷见是满面怒火的爹，吓得扑通一声跪在了地上。

太爷爷抓过烟枪，“啪啪”两下折成四截，照爷爷的头摔了过去。爷爷动也没敢动，只是低着头。其他人这时也都惊起来，忙跑过来劝阻。太爷爷余怒未消，指着他们吼道：“你们这些不争气的东西，都给我滚！”

他一边骂，一边抓过烟枪，一支支折断，摔到地上；又扯过炕上的烟桌，一张张砸了稀巴烂。他还觉得不解恨，又闯到左边的屋里，砸了个落花流水。

小老板面色乌青，牙咬得格格直响，却一句话也没敢说。太爷爷砸了个痛快淋漓，推搡着爷爷向家里走去。小老板见他们走远了，这才大骂起来，还喊叫着要太爷爷赔偿损失。后因华北地区发生义和团运动，太爷爷是当地红枪会的负责人，农民造反，兵荒马乱，大地主担心惹怒了穷苦人自找麻烦，没敢追究太爷爷砸烟馆之事，但两家却结下了怨仇。

这时正巧有人传信说，直隶一带的义和拳、大刀会、红枪会已经联合并入义和团，集中了十多万人，向天津、北京开拔，专门打洋鬼子，太爷爷就领着本村李家子弟和村中的红枪会成员数十人，带着长矛、大刀、梭镖等冷兵器，随着冀南地区的义和团成员，从河南到河北，直奔天津、北京，投入了轰轰烈烈的义和团运动。

自鸦片战争开始，外国列强用鸦片和洋枪洋炮打开了中国的大门，腐朽的清王朝一味卖国求荣，这一群豺狼野兽凭借着坚船利炮，掀起了瓜分中国的狂潮，中华大地风雨飘零，惨遭蹂躏，被瓜分殆尽。为从思想上统治中国人民，一些外国传教士借“慈善”的名义发展教民，背后却进行着恶毒的经济文化侵略，侵犯中国民众的利益，激起了中国人民的反抗。活跃在北方农村的义和拳组织，本来打的旗号是“灭清复明”，这时顺应潮流、转变策略，统称义和团，竖起“扶清灭洋”的大旗，公开与外国侵略者势不两立。

义和团大规模的反帝斗争，使中外反动派十分恐慌。外国驻京公使要求清廷派兵镇压义和团，清廷令直隶总督派兵镇压，他们不分良莠，杀害了成千上万爱国民众，却激起了更大的反抗。义和团在 1900 年 5 月取得涞水大捷，接着进攻涿州，为了阻止清军剿杀，他们先后烧毁了高碑店、涿州、琉璃河等火车站。三万义和团战士占领涿州，使这里变成了京南义和团进驻北京的大本营。

外国侵略者借口清廷镇压不力，要求自行增兵保护使馆，进行武装干涉。他们一方面攻占京津，向清廷施压；另一方面各自从国内派来援兵，组织八国联军，从海上进占天津。这年6月，八国联军第一批在英国驻大沽口舰队司令西摩尔的率领下，由天津乘火车去北京。为了阻止八国联军前进，义和团在沿途拆掉铁路、砍断电线杆，与八国联军和清军同时作战。从天津到北京本来只需四个小时，结果八国联军走了四天才到廊坊，被义和团包围在杨村到廊坊之间，最后不得不撤回天津租界。帝国主义的武装侵略，激起了中国人民的义愤，也使清廷看到义和团在抗击外敌中的作用，使清廷的主战派占了上风。在御前会议几次讨论后，垂帘听政的慈禧太后同意主战派的要求，改变了对义和团运动的政策，由原来的镇压政策改为招安政策，派人组织整编义和团，发放武器，提供给养，让义和团与清军并肩作战。冀（河北）鲁（山东）豫（河南）各地的民间会社，闻信后都会集天津、北京，抗击八国联军，我太爷爷就是这时候由河南进入河北，由冀南到冀中，再到京津的。当时在天津、北京，到处都可看到红巾蒙首、红布围腰、红带裹腿、手持短刀、数十成群的义和团。

就在这时，八国联军第二批增援部队一万多人到达天津租界，向大沽、天津再次发起进攻。继任直隶提督的马玉昆与新任帮办北洋军务大臣宋庆在直隶总督李鸿章的投降路线影响下，为满足洋人要求，借机痛杀义和团。义和团在与清军并肩作战时，清军把义和团摆在前边打头阵，当义和团向敌军冲杀时，他们在背后开枪打义和团，仅一次冲锋，义和团就被清军杀害两千多人。义和团前后受敌，只得撤离天津，清廷驻守天津的官吏则逃得更快。7 月 14 日，八国联军一万多人占领天津，进行了四天的屠城。侵略军用排枪、开花炮残杀无辜民众。8 月 4 日，八国联军拼凑了四万侵略军，由德国陆军元帅瓦德西做总司令，开始出发进犯北京。8 月 15 日，慈禧太后与光绪皇帝仓皇出逃，西出北京，直奔太原，逃往西安，八国联军随即占领北京。

八国联军进占北京后，并没有停止侵略的脚步，一方面在北京进行报复性的烧杀抢掠，另一方面对义和团抗击洋兵最为坚决的直隶省继续进犯屠杀。北至张家口，南至真定府（即今石家庄），东至山海关，西至紫荆关、井陉口，凡是义和团设过坛的地方一律烧毁，凡是参加过义和团的人格杀勿论，所过之处生灵涂炭、民不聊生。在八国联军和清廷官军的围攻下，各地义和团不得不改变策略，把“扶清灭洋”改为“扫清灭洋”，由公开活动转为秘密结社，由城市转入乡村。太爷爷就是在这种情况下由平津经河北回到河南的，到家时已是 1901 年过大年时。据父亲听太爷爷讲，他们在平津和直隶参加过几次拼杀，一次和八国联军的洋枪队打仗时，义和团严重受挫，太爷爷带去的子弟有好几个在战斗中牺牲。太爷爷也腰部负伤，晕死过去，还是李会、李贵爷爷等人从死人堆里把他扒出来的。太爷爷捡了一条命，回到家乡，养伤几个月，伤虽然好了，但从此再也没能直起腰。

孙中山领导的辛亥革命爆发后，冀鲁豫一带的义和团成员重新燃起扫清灭洋之火。他们把义和团改为红枪会、联庄会，配合新军打击清廷官兵，推翻了清王朝的封建统治。民国肇始，土匪猖獗，百姓苦不堪言，太爷爷又重操旧业，在当地组织了红枪会，农忙干活，农闲设坛，教育李家子弟习武健身、保家护庄。太爷爷见儿子李分抽大烟没学好，便在几个孙子身上下功夫，既教他们武功，又教他们做人。后来太爷爷患病故去，但他组织的红枪会、联庄会却一直坚持活动。土地革命爆发后，为了发动广大农民闹革命，中共北方区委派出一批共产党员到冀鲁豫，他们深入红枪会做争取教育工作，加强了对红枪会的领导，把红枪会变成了农民协会的武装组织。太爷爷培养的一些红枪会成员，在共产党的感召下，有的加入革命队伍，有的走上了抗日道路，为国家独立和人民解放做出了贡献。

百年大杨树的见证

人们常说：穷人的孩子早当家。因为家境贫寒，爷爷不务正业，奶奶又死得早，我父亲李兰锁从小就知道孝敬老人、关心弟妹。为了减轻家庭的负担，他九岁就开始给村里的地主放牛牧羊、喂猪割草。地主看他手脚勤快、吃苦能干，十二岁就让他当长工。后来他跟着别人外出，学本事做生意，很快就长成一个浓眉大眼、身强体壮的小伙子，加之为人忠厚、聪明能干，又有一身武功，爱打抱不平，在李大晁村一带得到不少年轻闺女的爱慕。二十出头，家里为他讨了一房媳妇，但不久就因出天花死了，新娘子从顶着红盖头踏进李家，到躺进一口薄板棺材入土，中间不到一年的时间。父亲李兰锁感情上受到创伤，从此不再提婚姻之事。

有一年，他到赵庄吴姓地主家当长工，这家有一个十六七岁的烧火丫头，名叫王慧兰，听说是吴家的亲戚，因为家里生活困难，十几岁就到吴家当帮工烧火做饭。随着年龄的增长，家务活都放在她身上，她成了地主家的女仆。李兰锁在地里干活是一把好手，王慧兰在屋内操持家务也是个巧手，地主一家对他俩很满意。他俩每天吃饭干活都在一块儿，王慧兰渐渐对李兰锁产生了爱慕之情，有时候也帮他洗洗衣服、补补衬衫。屋里有些需要力气的重活，李兰锁会主动帮王慧兰干。地主吴家是村里的老户，家大业大，但有钱无势，常遭人嫉妒和陷害。那两年，日子过得不太顺，于是找了个风水先生来占卜。风水先生进到院里，抬眼一看，见院里有棵百年大杨树，上面满是乌鸦窝，便对吴家老爷说："吴家的灾祸都是这树上的乌鸦给闹的。"

吴家老爷问："怎么讲？"

风水先生说："常言道，乌鸦叫，霉事到。这棵老杨树本是吴家的风水根，上面竟有乌鸦，得罪了神树，能不倒大霉吗？如果不将那些乌鸦窝弄掉，改改风水，吴家还要出大事！"吴家老爷给了他两块大洋，又给他杀了只大公鸡，风水先生吃饱喝足了，拿着钱乐颠颠地走了。第二天吴家贴出告示，谁能捅掉树上那些乌鸦窝，愿给二斗谷子。一时间周围各村都知道了，几十个年轻人聚到大杨树下，看热闹的人挤满了院子。

那棵百年老杨树，有两搂半粗，十几丈高，硕大的树冠足足有半亩地大，从远处看，绿葱葱地简直像一座小山。望着这棵高到看不见顶的大树，人们在私下议论着。

“我的娘，真高！看不见树尖！我还有老爹老娘咧，我可舍不得这条命。”人群一阵骚动，胆小的向后退，胆大的不甘心，有的试着爬了爬，没爬上去；有的爬了几丈高，两腿就抖如筛糠，一会儿工夫十几个人败下阵来。

“没戏了！我看是没人能上去了。”一些人摇着头想离开，但看热闹的人却不肯散去。这时，我父亲，也就是在吴家当长工的李兰锁，外出办事刚刚进院，他看了墙上的布告，又问了问围观的群众，也好奇地挤进人群。看到没人再上了，他忍不住手痒，走到树根：“我来试试看！”

听说有人又要试试，刚要散开的人群再次围拢上来。

我父亲李兰锁仰脸看了看大树，用手抱着树干试了试，勉强能扣得住。他往后退了两步，扎了一下腰带，往两个手心里啐了口唾沫，双手扣着树干，提气往上一纵，离开了地面，双腿忙夹紧树干，腾出手来，再往树上扣，一会儿工夫，已经爬了一半。

人群里一阵哗然。父亲李兰锁略微喘了口气，又往上爬。约两袋烟的工夫，他终于攀上了大树最下面的树杈。树下响起一片叫好声。

父亲李兰锁坐在树上喘了口气，觉得浑身发热，索性将外面的长褂脱了，搭在树杈上，他四下一望，吃了一惊。不知这些乌鸦窝是什么时候搭起的，大的小的，新的旧的，斑斑点点缀满了大大小小的枝丫，比秋天的果子还密，这里简直成了乌鸦的王国。他把一根锄把粗细、一丈多长的树枝折下来，折去上面的枝叶，用其捅乌鸦窝。一个、两个……十一、十二……鸟蛋、幼鸟从高空跌落在地上，摔了一片，树下观望的人也撤到远处。吴家的烧火丫头王慧兰原来正在屋里做家务，听人说长工李兰锁外出办事回来了，而且已爬上树在捅鸟窝，她好奇地急忙出来观看，一面为他助阵叫好，一面又为他提心吊胆。

王慧兰在下面不停地指挥："左边有一个……右边有一个……再往上爬爬！"李兰锁在上面根据王慧兰的指挥，不急不忙地捅着。

看到有人把自家老巢捅了，几只老乌鸦凄惨地叫着，一会儿工夫，成群的乌鸦飞了回来，在父亲李兰锁身边盘旋着，围着他乱飞乱啄，转眼间树顶上全是乌鸦，黑压压一群围着树冠旋转。父亲李兰锁不得不一边捅鸟窝，一边同飞来的乌鸦搏斗，不让乌鸦啄伤自己的脸和头。他还在搜寻着，看还有没有未捅的鸟窝。

"树尖上还有一个！"王慧兰在下面喊。

父亲李兰锁抬头一看，树尖上还真有一个孤零零的鸟窝。他用竿子够了一下，够不着。他看了看自己搂着的树干，只有小碗口粗，树下没有风，树尖上风却很大，自己在这小碗口粗细的树干上随风左右摆动着，晃晃悠悠，简直像是一只空中的风筝。他犹豫了一下，还是往上爬了两步，左手紧紧抱着树干，腾出右手，用力伸出去捅那只乌鸦窝。

啪的一声，最后的这个鸟窝被他捅掉一半，鸟蛋掉在地上摔碎了。他又用力去捅另外一半。

树下的人仰着脖子，看着他的每一个动作，连大气都不敢出一口，人们的心都吊到了嗓子眼。

突然，咔嚓一声响，树干折了！

“哎呀！”人群中一个女人发出尖叫。人们闻声一看，正是吴家的烧火丫头王慧兰。在李兰锁捅最后一个鸟窝时，她简直是目不转睛。看见树枝折断，李兰锁连同树枝一块儿往下摔，她觉得这下完了，李兰锁肯定没命了，于是尖叫一声，一屁股蹲在地上。

可是，树上的李兰锁反应迅速、眼疾手快，就在树干折断的一刹那，他扔掉了右手里树枝做的捅鸟棍，顺势抓住了身边另一根粗树枝，一个鹞子翻身，趴在了上面，之后稳稳地坐在了大树的另一个枝干上。

下面的人被这惊险的“杂技”吓呆了，仰着脸，张着嘴，屏着呼吸。好长时间，人们才回过味来，长长舒了口气，随即响起了一阵喝彩声。王慧兰也高兴地站起来，流出了激动的泪花。

李兰锁在树上稳了一下，看了看树干的最顶端，乌鸦窝已经掉下去了。确信没有乌鸦窝了，他才不慌不忙地往下攀爬，攀到最下边那个树丫，捡起搭在树枝上的褂子，搭在肩上，顺树干滑下来。

地上的树枝、鸟窝、干柴、乱草，夹杂着摔碎的鸟蛋和摔死的乌鸦，铺了厚厚的一层。人们蜂拥过来，把李兰锁抬起来，向对待大英雄一样，向空中抛了几次，才把他接住放在地下。吴家老爷看到自家的长工在关键时刻这样勇敢，心里非常高兴，不仅兑现了承诺，而且又多奖励了一斗谷子，当场拿出三斗谷子，交给李兰锁，同时安排家人清扫树下的杂物。有人特意数了数，李兰锁这次一共捅下 200 多个鸟窝。

看热闹的人们都散开回家了，李兰锁走进自己住的长工屋，烧火丫头王慧兰也跟了进去。她仔细地端详着李兰锁，见他的白棉布衬衫已被乌鸦啄了好几个洞，脸上也被啄了几个乌紫的血包，有几个已经洇出了血，心疼地说："看看刚才多危险！"

李兰锁却幽默地说："嘿嘿，有那么多乌鸦窝垫着，掉下来也摔不死。"王慧兰嗔怪了一下，出去端来一盆清水，让李兰锁洗了洗手脸，又让他脱下衣服拿去洗净补好，第二天送到李兰锁床头。

自从妻子病故后，李兰锁早已对婚姻之事心灰意冷，有媒人提亲他都拒绝了。来到吴家当长工，王慧兰对他关心照顾，他也没往这方面想，只是把她当小妹妹一样呵护对待。这次掏鸟窝时王慧兰对他的担心和体贴，使他发现王慧兰对他并非兄妹的感情，他那颗冰封的心又开始复苏，对王慧兰渐渐有了感情。而王慧兰本来就对李兰锁有爱慕之心，这件事后更加心仪。当时的农村姑娘还不知道什么是白马王子，但王慧兰凭直觉认为，这个人是可以托付一生的人。

第三天下午，从地里回来，李兰锁回了一次家。他把三斗谷子扛回家，给家里人讲了捅鸟窝的故事，太爷爷听了高兴地合不上嘴。太爷爷吧嗒了两口旱烟，仔细地端详着这个孙子：宽宽的肩膀，厚厚的胸脯，结实的胳膊，浓眉大眼国字脸，两只眼睛炯炯有神。李兰锁不仅长得像自己，脾气性格也都随自己。太爷爷心想：我们李家后继有人啦，这下自己死了也可闭上眼睛啦。

赶巧，在浚县山上打石头的李会、李贵发了饷，他们买了二斗红高粱，由李会爷爷送了回来。一家人高兴，太奶奶从炕洞里摸出两个放了很久的鸡蛋，又捋了几把榆叶做馅，挖了半瓢白面、半瓢黄面，全家人包了一顿饺子。吃完饭，李兰锁把自己和王慧兰的事说了一遍，太爷爷和太奶奶都很赞成。第二天，父亲李兰锁又回到吴家当长工，他把家人的态度告诉了王慧兰，从此两人都生活在希望之中。有情人终成眷属，他们最后终于走到一起。我长大后，每当母亲讲起父亲捅鸟窝的故事，我都为有个这样的父亲而自豪，自己暗中也发誓，长大后一定要当父亲那样的男子汉。

走南闯北的父亲

由于爷爷不务正业抽大烟，不太富裕的家庭进一步破败。加之奶奶患病去世走得早，家庭的重担早早就落在了父亲他们兄妹四个的身上。父亲在家里排行老大，下面还有两个弟弟、一个妹妹。俗话说，长兄为父，爷爷不管家了，父亲作为老大，就应该把这个家顶起来。作为长子的李兰锁，很小就用年幼的身躯、瘦弱的肩膀，担当起父亲的职责，扛起了山一样的家，不仅要管弟妹们的吃穿，而且要安排弟妹们的未来。

我父亲李兰锁发现给地主扛长工养不了这么一大家人，就跟着别人闯江湖，学着做生意。李大晁村东北十公里有个楚旺镇，是内黄县第一大镇，也是卫河岸上的水旱码头。镇内商贸繁荣，车水马龙，日进斗金，有“金彭城，银水冶，不抵楚旺一斜街”之说。父亲从跑楚旺开始，到天津做买卖，后来又跟着别人闯关东，种菜、淘金、挖人参、运药材，回家时还在海河上给人家拉纤，一直往上游走，走到楚旺镇才回家。到家也不停，他又去安阳，走西口，帮大户人家运货物。他长年累月不着家，把挣到的钱交到家里，置房买地。别人看他辛辛苦苦挣了一些钱，就劝他赶快找个媳妇，先建个小家，但他想的却是弟弟妹妹。他用几年的积累，先买了十二亩耕地，又在村后买了一块宅基地，准备弟兄三人平分后盖房子。

这块宅基地南北长，东西窄，李兰锁将之分成三块，对弟弟说：“老三，你最小，腿又不太好，你先挑吧。”

老三没有客气，说：“既然让我挑，我就要最前面那块吧。”

随后，老二挑了中间的那块，最靠后的那块自然成了父亲李兰锁的了。

分了宅基地，他又帮两个弟弟盖了房子，娶了媳妇，接着嫁出了妹妹。等弟妹们都成家生子后，他才办自己的事，同小他十五岁的王慧兰成了亲。不久，家乡年景不好，李兰锁把两个弟弟叫到跟前说：“你们老婆、孩子、房子、土地都有了，我这个当大哥的也就放心了。我一点地也没有，现在娶了你嫂子，得养家糊口。你们在家照顾好父母，我和你嫂子准备出去走走，看看能不能找个吃饭的地方。”

听说大哥要离家出走，两个弟弟领着老婆孩子齐刷刷地跪下了，异口同声地说：“大哥，这房子是你盖的，十二亩地是你买的，你和嫂子在家，我们出去逃难吧！”

李兰锁婉言谢绝说：“只要你们养活孩子，照顾好父亲，我就放心了。我是老大,再说你们谁也没有出过远门,还是我出去吧。”

1929 年，已过知天命之年的李兰锁，领着新婚不久的妻子，义无反顾地离开了这片生他养他的故土，再次远走他乡闯天下。

逃荒，往哪里逃啊？这时的李兰锁，可不像前些年自己单身独挑，可以闯关东、走西口，独行天下。如今兵荒马乱，还带着一个年轻媳妇，去哪儿也不容易啊！

正在犯难之际，李兰锁忽然想起走西口时遇到的一位朋友。那位朋友也姓李，名叫李老来，家住河北省新乐县北齐同村。此前，李老来曾对他说过，他那里土质好，旱涝保收，好混。李兰锁决定先投奔李老来看看，不行的话再找别的门路。

李兰锁这位不速之客的到来，让李老来既惊又喜，他边让座边倒水，同时让妻子赶紧烧菜打酒，热情款待自己这位走西口时脾气相投的远方朋友。

酒席上，李兰锁向李老来说明了来意。

李老来说：“这事不难，我能帮你。村北有俺村地主家一块十来亩大的白礓石地，一直没有人种，他曾经说过，谁种四年不收地租。”

“什么是白礓石地啊？”李兰锁不解地问道。

李老来说：“地里有很多从山上冲下来的白礓石。这种石头一遇到雨，就是一块很黏的白泥疙瘩，风干后又坚硬如石。白礓石下面二尺来深就是好土，如果把它挖走，再把好土翻上来，就是好地。如果种，得费些力气，你看这事咋样？”

李兰锁不假思索地说“行！费点劲算什么，就是花上一年的工夫，还有三年不用交租子呢。”

“那好，我去给你说和一下。”一丢饭碗，李老来便出去了。

不一会儿，李老来便兴冲冲地回来了。他告诉李兰锁说：“我给你说好了，由我担保，从明年开始算起，四年不交租子。四年后你再租种他十年，每年每亩地交一斗麦（租）和一斗秋（租）。”

把地租下后，父亲李兰锁和母亲在靠地的一头挖了个地窖，在上面搭些柴草，用以挡风遮雨。地窖里面盘了个土炕，作为睡觉的床。这样，他们就算有了个窝儿，白天在地里干活，夜里在地窖里睡觉，所谓的家既没有院墙也没有门，好在家徒四壁，也没人去偷。

有了人住的窝，赶紧收拾租的地。他们一粪钩一粪钩地挖开沙石土，将大大小小的白礓石拣出来，扔到路边的沟里，又将下面的好土翻上来。他们顶着烈日，冒着酷暑，起早贪黑，披星戴月，边翻边种。赶不上种粮就种菜，菜苗长大了，推到集上卖了再买粮。当年夏秋他们就整出三四亩地，收获一季蔬菜后，又种上了冬小麦。冬天他们也不闲着，不顾天寒地冻，手脚冻裂，一冬天又翻出三四亩地，开春后种上玉米谷子。就在这年麦收前，母亲生下了我。老年得子，父亲特别高兴，他们又苦干一年，把十亩沙石地全部翻了一遍，硬是把寸草不生的沙石地改造成一块肥田。地里有一口水井，既不怕旱也不怕涝，既可种粮又能种菜。父亲本来就是做农活的一把好手，有了这块土地，自己周密计划、精心打理，每年收一季麦、一季秋，还插花种几茬菜，不仅打的粮食吃不了，种菜卖菜也有收入，生活很快有了起色。

“土娃”改名李良杰

儿子的出生给他们两口子带来了欢乐。一天夜里，王慧兰对李兰锁说：“孩子他爹，咱儿子都满月了，也该起个名字了，你看看叫什么名字好啊！”

李兰锁说：“在咱老家窦公，孩子越金贵，越是要起个贱名，说是贱名成人，长大有大富大贵。你看咱李大晁村，就有叫粪叉、箩头的，也有叫尿罐、臭蛋的。”李兰锁正说着，熟睡中的儿子突然踢腿伸胳膊地大哭起来。

王慧兰二话没说，将孩子抱在怀里，用手轻轻地拍着脊背说：“儿子乖，不哭、不哭……”不管怎么哄，儿子就是哄不住，哇哇大哭不止。

李兰锁看着哇哇大哭的儿子说：“你看这孩子多孬，咱就给他起名叫孬小吧。”话音未落，孩子不哭了。自此，孬小就成了我的乳名。

父亲、母亲在租种的地里种了一些菜。一到收获季节，白天，父亲推着车子在周围村子卖菜，母亲在地里干活，让我自己玩。两岁的我倒省心省力，一个人在地里玩耍，玩累了，就自个儿爬进地窨的土炕上睡觉；睡醒了，又自个儿从地窨里爬出来。北齐同村在地里玩耍的孩子们看到从地窨里爬出一个小孩，土头土脸的，都围过来看稀罕。其中一个有六七岁大的叫满囤的孩子指着我说：“你们看这个土娃！”

从此，村里的孩子都管我叫土娃。长到三四岁时，父亲去邻村卖菜，就把我放在推车上。我可高兴了，一到村里，就迫不及待地跳下来，和那些大小差不多的孩子玩耍、撒欢儿。

父亲虽是外乡人，由于经常推车卖菜，加之仗义疏财人缘好，和乡里乡亲混熟了，人们都亲切地叫他李掌柜。他平时卖菜收钱，到了端午节和中秋节，就推上一车子葱、韭菜，在北齐同村从东头到西头挨家挨户送。这些菜父亲分文不收，送给街坊邻居过节包饺子用。北齐同村无论谁家有红白喜事，父亲不分贫富贵贱，都会送上一份礼。

北齐同村的村民经常看到李掌柜卖菜时带着个孩子，就问孩子叫什么名字。

父亲说：“没有大名，小名叫孬小，村里的孩子又喊他土娃。”

有人风趣地说：“怎么能叫孬小啊？这个名字不好听，这个孩子不是孬，是闹，就叫闹小吧！”

结果，孬小这个名字没有叫起来，闹小倒叫起来了。

天道酬勤，父母的辛勤劳动，换来了丰收的喜悦。因为种菜卖菜，家里有了一定积蓄，父亲便想用这些钱为妻子和儿子建个房住，使家人能过上当地普通人的生活。在生下我的那年秋天，父亲在租种的土地上盖了三间北房，此后每年建点，几年的工夫，父亲就在租种的土地上，建起一座院子，北房三间扩成五间，东西厢房各三间，还建了牲口棚、草料棚和磨坊。家里添置了一头小毛驴，还养了猪和羊。到了夏天，可谓是青翠满园，麦浪飘香，瓜菜怡人，一派田园风光。

自己富了不忘家人。父亲在河北站住脚后，又把爷爷和两个叔叔全家从河南接来。二叔跟父亲在北齐同村种菜卖菜，三叔腿瘸行走不便，干农活不行，先被父亲安置在东长寿火车站开饭馆，后来又到石家庄火车站附近开饭馆客栈。每家的生活都有了着落。

转眼间到了 1937 年春天，村里来了两个外地人，在村里办贫民夜校。由于他们宣传的是抗日救国的道理，很多人都报名了，有二十几岁的青年人，也有十来岁的孩子。父亲也给我报了名。

我回到家对父母说："这两个人说他们是毛泽东、朱德派来的，还发了一本书，书上的第一课是《天亮了》。"

毛泽东、朱德是谁，是干什么的？当时父母也不知道，但他们对《天亮了》很感兴趣，因为他们恨日本鬼子。

我兴奋地说："我有大名了，叫李良杰。"

"什么？李良杰？"父亲吃惊地问道。

我眨巴着小眼睛，慢慢叙说了事情的因由。

夜校开学那天，一个老师指着我问道："你叫什么名字？"

我昂着头回答说："我叫闹小，也叫土娃。"

其中一个叫郭大水的老师问："你有没有大名？"

我说："没有，只知道老家有个堂哥叫李喜良。"

另一个老师对郭老师说："美国有个报童叫白杰，别看人小，挺有志气，很让人喜欢，就从他们两个人的名字中各取一个字，叫李良杰吧！"

郭老师一听，摸着我的头说："李良杰，这个名字好啊！希望你长大后能成为我们国家的杰出良才。"

父亲听了我的叙述，不禁哈哈大笑起来，说："好啊！以后我们就不叫你的小名了，就叫你李良杰，希望你长大有出息。"

自此，我这个名字就叫起来了。后来听说这两个外地人是地下党，为此，我为自己这个名字感到自豪，一生都很珍惜。

日军侵占华北

1937 年 7 月 7 日，日军在北平（今北京）制造了震惊中外的卢沟桥事变，开始了全面侵华战争；7 月 30 日占领北平、天津后，又兵分三路，沿平汉、津浦、平绥铁路向华北腹地大举进犯。9 月，新编成的日本华北方面军第一军三个师团，在飞机大炮的掩护下，沿平汉铁路向南推进，中国军队沿线设防，节节抵抗，节节撤退。涿州陷落，徐水被占，满城沦陷，保定弃守，坏消息一个接着一个。9 月 20 日，日军出动五架飞机，轰炸新乐县城和城北的沙河铁路大桥，滞留在沙河边等待过河南逃的难民，被炸死和溺水淹死的有一千余人。消息传来，人心惶惶，人们都想外出逃难，躲避战争。战争初期，伴随日军侵略进攻的是疯狂屠杀。日军从北平一路南下，制造了无数惨案。9 月 23 日，日军占领新乐旧县城承安铺，9 月 26 日占领后来的县城东长寿，并开始到乡下搜剿抗日军队。从此新乐大地炮火连天，兵荒马乱，人民群众陷入苦难的深渊。

躲战逃荒回河南

北齐同村已岌岌可危，一些人为活命，将篱笆门用黄泥一糊一抹，带上值钱的东西，西上太行山，准备躲过这一阵再回来。有的人下关东，走口外，投亲靠友，另谋生路。常言道：“穷家难舍，热土难离。”我父母在新乐辛苦了八年，好不容易有了些家底，刚过了几天好日子，当然舍不得走，但战争所迫，又不得不走。父母和爷爷、叔叔商量，先回河南内黄老家躲一段时间，于是我们一家加入了逃难的人流之中。

我们离开新乐时，国民革命军商震的三十二军在石家庄北边的正定、滹沱河防线抗击日军。石家庄以南的铁路和公路还没有被完全炸断。公路和铁路沿线全是逃难的人，不少是从北平、保定逃过来的。有钱的人买票坐火车逃，没钱的人挑担推车靠步行。逃难的队伍中，既有逃难的老百姓，也有溃败的士兵。人们在凶狠残暴的日本兵的追赶下，潮水般向南涌去。火车的货车车箱里挤满了人。超负荷的火车冒着浓烟，“呼哧、呼哧……”地喘着粗气，缓慢地向前蠕动，有时比牛车跑得还慢。那汽笛的呜咽声像鬼哭狼嚎，令人毛骨悚然。

大路小径，甚至整个田野，黑压压的到处都是蜂拥逃难的人群。人们推车挑担，牵马拽牛，扶老携幼，相互搀扶照顾着往南逃。父亲推着他的卖菜车，车上装着铺盖行李，还坐着三岁的大妹妹。母亲抱着才出生五个月的小妹妹。七岁的我扛着个小包袱，拽着爷爷的手，跟着逃难的人们东躲西藏，过着颠沛流离的艰难生活。

国民革命军在石家庄的滹沱河防线抵抗了几天，伤亡了几千官兵，为避免被日军包围，10 月 10 日撤离石家庄，在元氏一带组织抵抗。日军占领石家庄后，人们以为他们会稍作休整，没想到日本华北方面军第一军也不停顿，立即兵分两路，一路西出获鹿、井陉，向娘子关、太原方向进攻；一路从石家庄向南，过邢台、邯郸，向河南安阳、新乡进攻。我们推车步行往南走，他们却是开着汽车、坐着火车往前奔，几乎追着我们的屁股走。每天我都能听到许多日军在占领区烧杀抢掠的罪行，虽然我当时只有七岁，但一提起日本鬼子，就恨得咬牙。

一会儿讨饭吃，一会儿躲飞机，走走停停，断断续续，用了一个月，我们一家五口和爷爷一起回到了内黄县窦公乡李大晁村。我第一次看到了父亲多次提起的老家，村里除了几个地主的小楼和高头瓦屋外，多数农民的房屋和北齐同村的一样破旧简陋。1937 年年底，日军虽然占领了铁路线上的安阳，但并没有进占东面的内黄县城，农村虽然贫穷，但还算平静。人们原本以为可以过个安稳年，没想到离旧历年还有十来天，日军就从河北大名、河南安阳向豫北发起了进攻。1938 年 2 月 7 日以后，日军相继占领南乐、清丰、内黄、濮阳、汤阴、淇县、辉县、汲县、新乡等地。2 月 17 日，国民革命军炸毁了平汉铁路上的黄河大铁桥，日军被阻于黄河以北，随即调转兵力西犯，连占获嘉、焦作、沁阳、孟县（今河南孟州）、济源。2 月底，日军推进至黄河北岸，与中国军队隔河对峙，整个豫北落入敌手。内黄成了敌占区，老百姓的生活也不安生。这时河北新乐的朋友捎来口信，说石家庄、新乐县城虽然驻有日军，广大农村平原并没有日本兵。虽然农村建立了伪政权，但农民还可以种地。父母考虑到这七八年的心血，都留在了北齐同村，决定带着我们三个孩子返回河北，争取赶在春耕前到家，不耽误农时。于是我们一家人又推着小车回到河北新乐。

这次在故乡内黄住的时间不长，但家族里的爷爷、奶奶、叔叔、婶婶，却给我讲了不少内黄历史上的名人故事，如三皇五帝里的颛顼和帝喾、破釜沉舟的楚霸王项羽、农民起义领袖窦建德、敢于直谏朝政的魏征、抗金英雄岳飞等等。岳飞的故事，我印象最为深刻。相传岳飞生在汤阴，长在内黄。紧邻窦公乡的石盘屯乡麒麟村，就是少年岳飞成长、生活的地方。为此，我特别崇拜岳飞，一心想当英雄。母亲没有文化，却给我讲了“二十四孝”的故事。她说，家贫出孝子，国乱出忠臣。现在日本侵略中国，山河破碎，家破人亡，正是需要忠良英雄的时候。她盼着我快快长大，将来能像岳飞那样，当一个保家卫国的英雄。

苦命的六六姐

1938年3月下旬至4月上旬，中国军队在李宗仁的指挥下，进行台儿庄战役，使日军遭到重大打击。日军第十师团及第五师团伤亡万人，这是日军侵华以来损失最大的一次战役。日军决定发动徐州会战，歼灭国民革命军主力。为了保存实力，蒋介石决定把主力西撤。6月6日，河南省会开封失守。6月7日，中牟遭到攻击。日军一部直逼郑州东面的白沙，中原重镇郑州岌岌可危。6月9日，国民党政府为了阻止日军的进犯，下令炸开郑州东北花园口黄河大堤。

黄河决堤的洪水迟滞了日军攻占郑州的步伐，也迟滞了日军沿平汉铁路南下武汉的计划，但淹没了豫东、皖北、苏北四十余县的大片土地，形成了连年灾荒的黄泛区，给广大人民造成了极大的灾难。决堤处一片汪洋，人民群众来不及逃走就被洪水淹没，数十万人被滔滔黄河水活活淹死，数百万人民流离失所。富庶的豫东平原变成了河沙、盐碱弥漫的黄泛区，此后数年洪涝、风沙、虫灾不断。

从水灾中逃出的难民，不少人家只把牲口牵了出来，房屋和土地都被水冲没了。地没法种了，家回不去了，一些灾民为了活命，就把带出来的牲口贱卖了，所以豫东、豫北地区的牲口市场价格很便宜。河北新乐一带也是沙土地，土质疏松好耕种，犁地时不用骡马，只套一头小毛驴就可以。于是，父亲就和村里人结伴到河南赶牲口，做贩卖毛驴的生意。因为价格便宜，赶回来不用上集市，就被村民们牵走了。接连跑了几趟，父亲赚了一些钱，家里的生活才有点宽裕起来。

一天，父亲贩牲口回到家后，母亲大吃一惊，因为他不仅赶回来几头小毛驴，还带回一个蓬头垢面、脸色蜡黄、骨瘦如柴的小女孩。

母亲问怎么回事，父亲详述了事情的经过。原来他们在黄河边买牲口时,遇见一个年迈的老人,带着这个小女孩,说是他孙女,见人就乞求把这女孩带走，让她逃个活命。在那饿死人的年代，黄花大闺女都没有人要，谁会要一个十三岁的小女孩？后来那老头见了父亲，就苦苦哀求说："大兄弟，行行好吧！这女孩一个亲人也没有了，我这老头子恐怕也活不了三天两晌，你把她带走吧！俺在这里给你跪下了。"说着，那老头扑通一声双膝跪地。

父亲听着也掉下了辛酸的泪水。心地善良的他急忙把老人家扶起来说："老哥，我会把她当亲闺女对待的，就是有一口吃的，也不会让她饿死。"父亲见那老头可怜，临别时送给他三块大洋。

据女孩介绍，她家是西平县的，姓柳，在家里排行老六，上面有四个哥哥，一个姐姐，家里人都叫她六六。当初，她们全家是一起逃出来的。当时，灾区数县，房倒屋塌，饿殍遍野。人们饿得实在没有办法了，有的掘尸而食。老人们搞到一点吃的，就先给孩子，兄妹之间先让小的。父母走不动了，就让孩子们先走。进到一个大村，由于他们一家常分散讨饭，一家人跑散了，孩子们找不到父母，有人说他们父母已经饿死了。兄妹六个相依为命，大家护着小妹妹继续逃难。一次，他们不小心走进沼泽地，哥哥和姐姐拼命把六六推了出来，自己却一个个都陷了进去，再也没能出来。

水灾、饥饿，夺去了她一家好几口人的生命。一个十三岁的女孩儿，怎能经得起如此沉重的打击？六六叫天天不应，哭地地不灵，泪水都哭干了！要不是遇到那个好心的老人，她也难以活下来。

母亲听了丈夫和六六的叙述，已哭得泣不成声，泪流满面。她抚摸着六六的头，心疼地说：“你这个苦命的孩子，以后这就是你的家，我们两口子就是你亲爹亲娘，你就是我们的亲闺女。”

听了母亲的话，懂事的六六扑通一声跪在了地上，带着哭腔感激地叫了一声“爹”，又喊了一声“娘”。

我目睹这激动人心的一幕，两眼也噙满了泪花。

母亲给六六洗了洗脸，换了衣服，同时做了一锅葱花面条，特意给六六捞了稠稠的一大碗。也不知多长时间没吃过一顿饱饭的六六，脸上露出了久违的笑容。

顶天立地的父亲

俗话说“人穷志短”，但我父亲李兰锁却不是这样。尽管家境不太富裕，又身处异乡，但他人穷志不短，做人有自己的底线：“我不惹你，你也别惹我，一旦平白无故惹了我，天王老子我也不怕。”

我家在北齐同村租种地主方老重的十亩土地，本来定有合同，前四年不交租，四年后一亩一年交二斗。但地主看我父亲把地经营得那么好，就提出加租，我父亲一直没有答应。日本人来了以后，这家地主提出加租金，父亲仍然没答应。

这年秋天，我和父亲在菜园子浇地。父亲把驴套在水车上，让我站在水车边，拿着鞭子赶驴。驴一停，我就挥动鞭子，驴接着走，我就在井边玩。父亲在菜地里看水回畦，一畦水满了，再开一畦。满园的白菜已经有碗口那么大了，喝足了水，更加青葱，真是惹人喜爱。

这时，地主方老重带着五个儿子过来了。他见我们父子在浇菜，便走到父亲跟前说：“喂！姓李的，从今年秋天开始，每亩地交六斗租。”

父亲开始还客气地回答：“哎！东家，咱们定的是一亩地二斗，怎么一下子就成了六斗了？”

“说六斗就是六斗。”

父亲见地主这么霸道，便说：“这事你和我说不着，你找保人李老来去，保人同意了，我就交六斗。”

李老来也是个有侠义心肠的人。对方老重这种人来讲，他是一个四六不听的主儿，方老重自然不会去找他说。

“你租的是我的地，我说了算。”

“你讲理不讲理？”

“嘍！我就是理，怎么样！”方老重火了，一脚踹开了水渠，满渠的水一下子全泄到了路边的沟里。“不想种就给我滚出北齐同村，一个外来的，也敢在这儿撒野！”

方老重一脸藐视人的样子，这下可惹恼了父亲。他一生什么都能忍，就是不能忍受别人对他人格的侮辱。他拖着铁锨，黑着脸走到方老重面前。

“怎么？想打人不成？有种你来呀！”方老重仗着五个儿子都在身边，有恃无恐地说道。

“我就打你这个老杂种！”父亲举起铁锨迎头就拍过去。

方老重吃了一惊，慌忙躲闪，铁锨走斜，一下子拍在他的肩上，方老重的胳膊疼得不能动了。他的五个儿子这下不愿意了，捡起路边的石块，围着父亲打来。我看父亲被围，也抡起鞭子助阵。父亲一把铁锨左右翻飞，叮叮当当一阵乱响，把方老重五个儿子砸来的石块一个个磕飞，又追着他们一阵猛打。方老重的五个儿子虽然一个个长得五大三粗的，但终究是膏粱子弟、酒囊饭袋，平时也就仗着人多势众，哪能打得过身怀武功的父亲。只一会儿工夫，他们就被打得哭爹喊娘，扶着方老重抱头鼠窜了。

父亲像没事人一样，重新修好了水渠，我也回到井边，赶着毛驴继续浇地。

方老重可咽不下这口气。平时村里没有几个人敢惹他，没想到却被一个外来户打了。他们集合了家族里上百号人，手持各种器械，又寻了过来，扬言李家的人一个也别想活着出北齐同村。李老来听了大吃一惊，知道事情闹大了，急得他直跺脚。父亲对他说："老弟，一人做事一人当，我们一家人和他拼了！没什么了不起，反正我们的命也是捡回来的！"

李老来也是血性之人，怎么容得下方家欺侮好朋友？于是他挨家挨户地喊道："方家欺侮外地人哩，大家快去帮李家呀！"

因为父亲平时很仗义，又乐善好施，人们对我们一家很敬重，听说方家人要欺侮李家，村里人一个个手持家伙，义愤填膺地跑了出来，不一会儿，竟有三百多号人团团护住了我们家。方家一百多人走到我家门口，见状大惊，没想到李家有这么大的号召力，一个个你看我，我看你，不敢前进。父亲和李老来叔叔站在路口和他们理论，方家几个小子自知理亏，心想打起群架，自己人少，肯定赢不了。他们不敢得罪全村的人，只好带着自己的人离去。

后来，这地主的一个儿子投靠鬼子当了汉奸，他便利用职权，让伪镇公所把我父亲抓走了。听说父亲被抓，李老来叔叔在周围几个村子串联了几百人，联名到镇上保我父亲，伪镇公所迫于压力，怕事情闹大，才放了人。这件事对我一生影响很大。我觉得做人就应该像父亲和李老来叔叔那样，要有骨气，不当孬种，要侠肝义胆、顶天立地。

初冬的一天，爸爸出去卖菜了，我和两个小伙伴在我家白菜地边的路上玩耍。突然，一伙日本兵开着一辆卡车“嘎”的一声停在路旁。霎时间从车上跳下来几个端着长枪、吹胡子瞪眼的日本兵。他们不问青红皂白，跑到我家地里，拔出白菜就往车上装，公开地进行抢劫。当时我八岁，也不知道天高地厚，自认为爸爸不在，我应该挺身而出，于是张开双臂就去阻拦：“这是俺家的白菜，你们为什么装！”

一个日本兵看着一个毛头小孩子进行阻拦，端起刺刀照着我，不屑一顾地说：“你地，死啦死啦地！”

初生牛犊不怕虎。我毫不惧怕，昂着头，瞪着眼，和他们讲理。几个在一旁干活的乡亲，看到这架势，都吓坏了，慌忙上前拦我，并把我拽到一边说：“他们是鬼子，手里拿着枪，你和他能讲出理来吗？他们要讲理，就不会到中国来。”

这群鬼子强盗一样，把我家的白菜装了一车，扬长而去。这时村里的叔叔们才松开抓我的手。我知道叔叔们是为了保护我，但总觉得没能像父亲那样同敌人进行斗争，很遗憾。晚上父亲回来，我讲了家里发生的事。父亲表扬了我的勇敢精神，鼓励我对待坏人、敌人，一定要敢于斗争，但也提出要讲究方法，赤手空拳对付拿着长枪刺刀的敌人，那只能送命。

为了防止鬼子再来抢拉白菜，父母在第二天就把几亩白菜拔了，廉价卖给了乡亲们。父母风里来雨里去，辛辛苦苦种下的白菜，就这样被日本兵平白无故地抢走。鬼子的强盗行径又一次在我心里播下仇恨的种子。一提起日本兵，我就咬牙切齿，恨不得将他们千刀万剐。

六六姐成了我的童养媳

六六来到这个新家，虽然日子比较艰苦，但好歹能吃上饱饭了。六六很知足，在家很勤快，待我比亲弟弟还亲，我平日里管六六叫姐。

俗话说女大十八变，六六姐越变越好看，到十六岁已出落成亭亭玉立的大闺女了。六六姐白皙而微微泛红的脸蛋，像搽了脂粉一样漂亮；一头黑黝黝的秀发，编成两个长长的大辫子，还有那双水灵灵的大眼睛，煞是令人喜爱。

当时，有人提亲给她说婆家。不管人家好歹，她总是摇摇头，表示不同意。当娘的最了解闺女的心事，她不愿意离开这个家，她的心上人是弟弟良杰 。

后来，邻居对母亲说："六六这闺女多好，就让她当你的儿媳妇吧。"

母亲说："这要看孩子们的意见。"

"娘，只要弟弟愿意，俺没意见。"六六姐说罢，害羞地扭过了脸。

俗话说，女大三，抱金砖。当时时兴娶大媳妇，六六姐比我大四岁，也不算啥。三年的朝夕相处，我和六六姐已有了感情。

1942年，父母为十二岁的我和十六岁的六六姐圆了房。

尽管成了夫妻，还不大懂男女之事的我改不了口，还是喊六六姐。六六姐尽管懂，但知道弟弟小，不但不计较什么，而且把妻子对丈夫的爱和姐姐对弟弟的爱都无私地献给了我。

一天晚上，因为一件小事，顽皮的我把六六姐蹬到了被子外，六六姐委屈地哭了。母亲听到哭声，急忙赶过来。当她看到光着身子在被子外哭泣的六六姐时，二话没说，抄起扫帚疙瘩就打我。

六六姐双手抱住母亲说："娘，你别打良杰，都怨我没有照顾好他。"我每次犯了错，六六姐都以姐姐的身份替我扛着。

我们家菜地旁的路边，有几棵小叶杨树，杨树上的叶子可以吃。春天青黄不接时，穷人常常拿它当菜吃。妈妈让六六姐带着我去捋树叶，捋回来，放进大锅里煮煮，捞出来放到案板上剁碎拌成馅，用一些玉米面、榆皮面掺在一起，包成包子吃。

地边的杨树叶被捋光了，六六姐就和我到村周围的杨树上捋树叶。每次上树，都是六六姐上，她让我在树下等着。六六姐捋满一篮子，然后用绳子卸下来。我解开绳子，提起篮子，跑到家里，倒在案板上，再把篮子系上，六六姐再捋。六六姐下树的动作很利索，往往离地还有几尺高，向下一跳，就站在我的面前。那个时候，我感觉六六姐像仙女下凡一样，是从天上飘下来的，很美。

六六姐对我这个小丈夫关心入微，体贴备至。数九寒冬，夜晚她总是先睡下，把被窝捂热，然后再让我睡；清晨她早早起床，烧火做饭时，就把我的棉衣的袖筒和裤腿放到火上烤得热乎乎的，让我穿起来一点也不觉得凉。酷暑盛夏，夜晚六六姐让我先睡下，然后为我扇扇子，驱蚊赶蝇，等我进入梦乡，她才睡觉。

夏秋割草，冬天拾柴，每天到傍晚时分，六六姐都会去接我，帮我扛柴草。

河南又遭大饥荒

1938 年，日军占领武汉后，中国战场进入战略相持阶段。河南被日军一分两半，豫北、豫东和信阳地区为日伪占领区；郑州及豫西、豫南为国民党统治区；四周与各省交界处，是八路军、新四军的根据地和游击区。徐州会战后，蒋介石以水代兵，掘开黄河大堤阻击日军，使豫皖苏三省形成了四百多公里的黄泛区。豫东平原的万顷良田变成了沙滩，此后黄河水连年泛滥、决口。大水之后，撂荒的土地又发生了蝗灾，庄稼被啃个精光。眼看着仅存的一点庄稼被毁，百姓有苦难言。从 1941 年开始，河南就出现旱情，内黄县秋季减产，麦子没种上，有些地方甚至绝收，农民开始吃草根、树皮。到 1942 年，持续一年的旱情更加严重，这时草根几乎被挖完，树皮几乎被剥光，不少人活活饿死，在许多地方出现了“人相食”的惨状。一开始还只是吃死尸，后来杀食活人也屡见不鲜。灾民开始大量外逃，有的从敌占区逃往国统区，有的沿陇海铁路逃往陕西，有的沿平汉铁路逃往河北或太行山区。

蒋介石却对河南大饥荒不管不问，他只管军队粮食供应，不进行赈灾救灾。当时美国记者白修德向蒋介石汇报灾情，他一开始拖延不见，后来勉强接见，又推说不知情，不相信外国记者调查出的严重灾情，也不肯采取积极的救灾措施，只是减免了很少的征购粮数额。军政当局的官僚们消极救灾，却严密封锁消息。《大公报》记者张高峰因报道大批灾民饿死，触怒了国民党当局，报纸被责令停刊三天，张高峰本人被河南军政当局扣留数月之久。在社会舆论的压力下，第一战区副司令长官汤恩伯才不得不将其释放。这场大饥荒，使河南出现一千多万饥民，三百万人被饿死。我们老家内黄也是重灾区，父母养不活孩子，丈夫养不起妻子，就带到县城去卖。当时的西关集、东庄集都设有买卖人口的市场。饿死、病死、卖儿卖女的惨景村村都有。李大晁村的乡亲们活不下去，纷纷逃向山西、河北，1942 年秋冬，仅逃到北齐同村的亲属和乡友就有五十多人。

老乡见老乡，两眼泪汪汪。亲友们哭诉着灾区的惨景，母亲和六六姐都落下了同情的眼泪。父亲说，乡亲们投奔自己，是看得起自己，就是倾家荡产，也要给他们找条生路。人多没地住，父母腾出家里最好的房子，让难友中的老人们住，单身汉和年轻人到村里租的、借的和临时盖的简易棚里住。五十多人，五十多张嘴，吃饭是个大问题。父亲买了口大锅，垒了新灶，搞大食堂。吃饭时，每人一双筷子一个碗，往地下一蹲，围成一圈就是餐桌，不论好坏，先让大家填饱肚子。五十多人吃穿住用，花销很大。如果都没活干，用不了几个月就会坐吃山空。为了给各家找个进钱的门路，父亲找关系、托朋友，把能干活的年轻男女组织起来，安排到东长寿镇或石家庄当长工、打短工、当小工、干壮工，使各家都有了收入来源，这样可以存点钱，来年回去生产自救。谁家老人孩子病了，父母都当亲人一样对待，该看病的拿钱找大夫，该照顾的开点小灶。父母这种忘我无私的精神感动了老家的乡亲，也教会了我们怎么待人接物。

一直忙碌了半年，直到1943年春耕前，老家的灾民们才陆陆续续地离开了北齐同村，但父母并没有过多久的轻松日子，又遇到了新的灾害。这一年夏天，河北雨水很多。北齐同村南有一条季节河，名叫木道沟。因为上游雨大，木道沟河水暴涨，冲开了河堤，冲进了农田。我家的房子是盖在农田里的，一发大水全被淹了。当雨过天晴，大水落了，家园变成了一片废墟。

大水冲毁了家园和土地，却给儿童们带来欢乐。因为战争，农村的孩子没有学可上。大水淹的地里不能干活，我们这群十几岁的男孩子，就每天光着屁股，泡在木道沟的河水里学游泳、打水仗。即使后来河水断流了，河中的几个大水坑照样可以供我们玩水。我就是这个时候熟悉了水性，学会了扎猛子（潜泳）、漂死人（仰泳）、狗刨、侧泳、自由泳，成了村里玩水的高手。没想到这身水性，后来还派上了用场。我在被抓到日本当劳工，被日本警察追赶跳海时，竟因为这身水性而没被淹死，逃了一个活命。

洪水把家冲毁了，但木料和砖块还在。父母没有被这突如其来的灾害压垮，雨过之后，一边抢救地里的庄稼，一边筹措着兴建住宅。若在原地翻盖，来年发大水住宅还可能被冲垮。父亲想在村里地势较高的地方盖房，有个朋友家中正好有块宅基地闲着，愿意借给我家盖房暂住，于是父亲趁秋季农闲之时，把旧房的木料、砖块运进村里，在乡亲的帮助下，没用半个月就盖了三间北房。全家人有了安身之处，又把精力用到农田里。秋收损失不大，而且又种了一季大白菜，这次水灾算是度过了，但人祸却没能躲开。

两次被日军抓捕

1941 年 12 月 8 日，太平洋战争爆发，美国和英国对日宣战。日本人没有理会“山姆大叔”和“英国绅士”，进攻的步伐并没有丝毫收敛。就在英美对日宣战当日，日本鬼子的铁蹄踏上了马来西亚和泰国的土地，第二天占领曼谷。在这一天，中华民国政府终于对日本宣战。日本法西斯毫不理会，军国主义的屠刀仍然高举在空中，指向关岛、指向南吕宋、指向婆罗洲、指向棉兰老、指向林加延湾。

在此前后，为稳住中国战场，方便调兵南下，日军把华北作为他们清剿扫荡的重点。他们在华北开始了治安强化运动，对冀南、冀中、太行、北岳各根据地进行多次大扫荡。日军为了保护他们控制的平汉铁路，隔断冀中平原与太行山区的联系，先命令华北伪政权用摊派和抓捕的方法，强迫铁路沿线的村民在铁路两侧挖了两条交通壕，每隔一段距离，又在交通壕上筑一个碉堡，派人加以守卫。铁路两侧的民众往来，必须走日伪军警把守的路口。

北齐同村离平汉铁路不足半公里，铁道上经常有拉煤的火车过往。我常去铁路边捡火车上掉下的碎煤块。一次，我正在路边捡煤块，碰上日本兵抓人修炮楼。尽管我还是个孩子，他们却不放过，不由分说，就把我抓进了炮楼，给他们搬砖和泥，干了一天，也不给饭吃，直到半夜才把我放回。家里人不知道我去哪儿了，出去找了半天也没找到。正在家人着急时，见我筋疲力尽地走进家门，家人又是抱怨又是心疼，六六姐心疼地抱着我一个劲儿哭。

我用手给她擦着泪说：“哭啥啊，我这不是安安全全地回来了吗？”

六六姐止住哭声，看着我完好无损，又禁不住笑了。

日军在铁路边修的交通壕，对防止八路军破坏铁路起到一定作用，但并不能阻挡八路军下太行山到华北平原开展游击战争。于是日军又搞了个大动作，强迫华北民众沿太行山从北平西边经河北到河南新乡西北，修一条隔离墙，沿墙按一定距离修筑岗楼。平地垒高墙，山坡堀深沟，好似沿太行山修一条小长城，岗楼类似烽火台。因工程浩大、用人很多，仅靠沿山的村庄无法完成，于是就向冀西、太行各地各县摊派民工，自带行李，自带干粮，限期完成。人们不愿意去，摊派完不成，日伪军就到各家抓捕。

1943 年初冬的一天，我正在院子里搬白菜，突然闯进来几个鬼子和伪军，我还没弄清怎么回事儿，一个鬼子就指挥两个伪军拿绳子捆我。一向性格倔强的我，拼命挣扎不让他们捆。

这时，伪保长急忙走过来说："孩子，别硬扛了，你就跟他们走吧。要不，他们就要抓走你爹。"

听了保长的话，我想：爹都六十多岁了，一大家子人还要靠他养活。把爹抓走，家就垮了。于是，我一拍胸口："别抓我父亲，我随你们去。"

几个鬼子听了一愣，放下枪，伸出大拇指称赞道："哟西，哟西！"

这是我学会的第一句日本话，我还专门重复了一遍，把几个鬼子逗乐了。

当时，我虽然才十三岁，但长了个高个子，瘦瘦的，像棵昂首挺胸的红高粱秆。鬼子用绳子拴住我一只胳膊，像拉牲口一样把我拉到村口。村口已经聚集了本村和邻村被抓的百十个人。

太阳当头，刺刀闪光，尘土飞扬。日本鬼子押着我们这些被抓的民工，浩浩荡荡地向新乐县西边的行唐县走去。日本人抓这些民工的目的是为他们挖战壕、修工事。到了夕阳西下时，来到一个山洼里，鬼子让抓来的农民都跪下，然后四面架起机枪。

目睹此景，我想：父亲就我这么一个儿子，我可不能死在这儿。路上走了一天，饭也不给吃，水也不让喝。到了晚上，被抓的农民趁着夜色开始往山下跑。日本人用机枪扫射。我看到山上有日本人抢老百姓的牲口，灵机一动，就往山坡上的牲口群里跑。抓来的牲口和被抓来的农民一样，被关在一个地方，也听不懂日本人的口令。所不同的是，牲口不知道机枪的厉害，它们也饿了，就四处寻觅能吃的野草和庄稼。

鬼子们知道牲口走不远，所以没有太计较，也没有朝牲口群开枪。我藏在一头大骡子的肚皮下面，到了后半夜，大骡子居然把我带进一片有草的山沟。我骑上骡子顺着山沟就跑，我发现那头骡子年老体弱，走得慢，于是又换了一头年轻力壮的骡子。当时，我的心都提到嗓子眼儿了。

天蒙蒙亮，我来到行唐县城。晨曦中，整个县城死寂得没有一点声音。我一天一夜汤水未进，走得又饥又渴，浑身筋疲力尽，好不容易敲开一家人的门，自我介绍是逃出来的，想讨碗水喝。这家主人是个好心人，不但让我喝水，还拿出几个饼子让我吃。我一口气喝了三瓢水，又狼吞虎咽地把饼子吃了。老人叹息地说：“五天前这个村子的一百多个青壮年都被抓走了，陆续逃回来六人，敌人还在搜查呢，你赶快走吧！”

一路上，我连累带吓，身上像被扒了一层皮似的疼痛难忍，紧走慢赶，终于回到了家。一家老小由惊吓到惊喜，又惊恐万分地抱头痛哭。

被抓的我逃了出来，还带回了一头骡子，日本人居然没发现。回到家，街坊邻居都说自古英雄出少年，夸我有出息。后来，这消息不胫而走，我的机智勇敢在当地被传为佳话。

当时，村里也有人指指点点地对我说："鬼子要知道你偷了人家的大骡子，非扒了你的皮不成！"

我生气地反驳道："那是咱中国人的大骡子，被鬼子抢走了，怎么能是偷？"后来逃回的人证实：那次日本鬼子在我们村抓走的三十九个人里，不到一个月就死了三十二个。村民们对伪保长非常憎恨，恨他替鬼子卖命，祸害老百姓，骂他是狗腿子，对他恨之入骨。

一天半夜，不知他被谁杀死在村东南的河里，身上留下一张纸条，上面写着："作恶多端，罪有应得。"落款是"八路军"。

第三次被抓当劳工

随着太平洋战争不断扩大，日本的物资匮乏，人力资源在战场上不断损耗，国内民众厌战情绪日益加剧。为了弥补战争带来的劳动力短缺，从1943年开始，日本人就在中国抓捕大量的劳工，送往日本。

我第三次被抓，是在1944年10月13日。当时，正值初冬时节，为了防止日本兵抓劳工，父亲经常躲避在外，让年幼的我留在家里干活。那天，我正在地里收白菜，突然冲过来八个端着枪的日本兵，逼着我上路边的军用卡车。六六姐扑上前去，拽着我死活不肯松手。一个日本兵一脚将她踹倒在地。

起初，我想逃跑，可是向四周一看，到处都是端着三八枪的日本兵。只见他们一个个凶神恶煞，枪上的刺刀和身上的军刀闪着耀眼的白光，阴森森的。逃跑也许会吃枪子，走到哪里算哪里吧。我打消了逃跑的念头。

两个日本兵连推带搡，把我带上卡车。卡车上的二十多个农民，一个个都被捆着。等到装满了一卡车人时，夜幕已经降临。日本兵把我们押到东长寿镇，关押在警察局里。屋子里已经关押了一百多个老百姓，都是附近村里的男人。第二天晚上，被关押的人增长到两百多人。人一多，鬼子怕我们逃跑，于是就五个人一串，用绳子拴起来。不管是吃饭，还是上厕所，都得五个人一起去，想逃跑比登天还难。到了天明，我们被押送到东长寿火车站，上了一列客车。客车两头是拿枪看押的鬼子兵。车走了不到五十公里，就有三个人跳车逃跑。由于车速快，看不清他们是逃跑了，还是摔死了。鬼子兵向窗外伸头看了看，没有开枪。

目睹此景，我马上想到上次那头帮我逃走的大骡子。因为是大骡子，所以日本兵没开枪。今天跳车逃跑的人也应该是头“大骡子”吧。要不，鬼子怎么不开枪呢？中国人在日本兵的眼里是什么？是人，还是大骡子？

我没敢尝试跳车逃跑。

“咣当、咣当……”火车急速向前行驶，一直开到北平前门站，才像一个喘着粗气的老黄牛一样停住了脚步。

车门被打开，已经有二十多个中国警察在那里等候我们了。有的人挣开了绳子，又被警察重新绑上。人们排着队，被警察一串串地押出了火车站。这是我第一次见到中国的大都市——北平，遗憾的是我是被日本兵用大枪押着进北平的。

北平的城里人和河南的乡下人是不一样的，他们有的穿长衫，有的戴礼帽，有的剃光头，但衣服都很整洁，一些妇女还穿着旗袍。但不管他们穿什么服饰，都是自己的同胞。那些穿旗袍的女同胞，抱着小孩看着我们这些被抓的劳工，似乎都有一种同情心。她们忧愁、无奈、惊慌和恐惧的眼神凝固在我们身上——因为大家都是亡国奴啊！

大约走了几分钟，来到一个巷子。借着昏暗的灯光，有识字的人看清了路牌，低声说：“东交民巷。”

“不准说话！不准东张西望！快走。”压队的警察大声呵斥道。

面对日本兵闪光的钢盔和枪上明晃晃的刺刀，以及凶神恶煞般的中国警察，没有人敢再吱声了。

这些蛮不讲理的日本兵，不许中国人看自己的北平，这是亡国的悲哀啊！我边看边想，不料屁股上被狠狠地踢了一脚，身边不少同伴都挨了日本兵的枪托子。

在北平，我们被关押在东交民巷一个仓库里，里面关押了很多人，都是男的，年龄最大的有六十多岁，最小的可能就是我，十三岁。我唯一庆幸的是，这次被抓的是我，而不是年迈的父亲。

人们在黑洞洞的屋里坐着，谁也不知道将会有一个什么样的命运在等着我们。没有人说话，只有偶尔的几声咳嗽声和肚子里发出的“咕咕”声。

到了北平的第二天早上，盛煤的仓库门打开了，人们被赶到了院子里。这时，有两个民工抬来两篓蒸馍，担来两担开水。早已饥肠辘辘的人们狼吞虎咽地就着白开水啃起了馍。这是两天以来吃的第一顿饭。吃过饭，人们又被成串地绑住押上火车，锁进一节像黑笼子一样的闷罐车厢。日本人到底要把我们押向何处？我们仍然不知道。

塘沽集中营的遭遇

塘沽海港在天津市区的东南，是天津的出海口。1942 年，日本内阁决定从中国向日本本土输送劳工后，华北日伪当局要求塘沽、青岛等港口城市建立劳工收容所，做好向日本输送劳工的准备。1943 年冬天，天津伪政府配合日军，先在塘沽德大码头建立了塘沽劳工收容所，不久即迁至新港卡子门里四号码头附近的冷冻公司，并改名为新港劳工收容所。

塘沽劳工训练所又称塘沽集中营。它有两个职能，一是训练天津当地及华北日伪当局行政机构摊派抓捕的劳工，二是转送华北各地集中营已经训练编队的劳工。日本侵略者从华北各地强抓骗招的劳工（日方称其“行政供出”），大都先会集在此地，经过照相、验证、检疫、训练、编队之后，在此乘船，分批运往日本本土。同时，北平、石家庄、太原等地集中营的战俘劳工（日方称其为“训练生”），在各地集中营训练结束办理手续后，也送到这里等待转运，然后送往日本当劳工。据当时的日本外务

省报告统计，注明训练地在塘沽集中营的劳工为3663人，从塘沽乘船送往日本的战俘劳工总数为86批，计两万余人，占中国押往日本战俘劳工总数的51%。我们这批劳工都是被强抓的，却被日本当局说成是华北劳工协会的“行政供出”。

跨进地狱之门

那天下午，火车停了，闷罐车门打开，我们重见天日。大人们说这里是塘沽，是运送劳工的中转站。一下火车，我们看见十多个日本鬼子端着带刺刀的枪凶神恶煞地站在四周，二十多名穿着黑色衣服，衣袖上戴着红底黑字的箍子，箍子上面写着“警备”字样的中国人，每个人手里都拎着一根九十厘米长、五厘米见方的圆把四棱棒，耀武扬威地吆五喝六。

“站好队！快走！”

“后面的跟上，不准东张西望！”

警备人员的吆喝声、打人的棍棒声、被打者的惨叫声响成一片，撕心裂肺，令人目不忍睹。

我们走过一条坑洼不平的土路，穿过二三里盐滩，来到一条二三丈宽、一丈多深的水沟前，水沟上架着一座吊桥，吊桥的两端都站着拿枪的鬼子。越过吊桥，走进一个长满野草的大院子，院子四周用两道铁丝电网围着，这便是塘沽集中营。从 1943 年到 1945 年，不知有多少战俘劳工从这里踏上了不归之路。

塘沽集中营建在天津塘沽卡子门东，长三百多米，宽两百多米，北临铁路，南傍波涛汹涌的海河入海口。收容所周围每隔几十米就有一座炮楼，沿铁丝网有持枪的鬼子昼夜巡逻，戒备森严，想逃跑比登天还难。院内由东至西搭建了六排长约五十余米、宽约十米的木板房，木板房南北开门，没有窗户。房内两侧设有宽约三米，南北通畅，用木板搭成的大铺，每隔十米左右便由竖起的木板隔开。我们一百人被赶进从东数第三排木板房里。屋外由被中国人称为黑狗子的警备看守。这些黑狗子与日本鬼子一样坏，对所有进门的人都要打一棍子。为了防止劳工们逃跑，他们让劳工们脱光衣服睡觉。

“统统上去，快点！”黑狗子不停地呵斥着。

谁动作稍微慢点儿，就会挨棒子。把一百来人赶上铺子后，一个黑狗子警备用右手拎着四棱棒，在自己的左手上轻轻地拍打着，开始训话了。他说：“你们都给我听好，来到这里必须听从警备的严格管理，不准坐、不准说话、不准抬头、不准乱动，睡觉时不准睁眼，大小便都要举手报告，不经批准，不准大小便，听清楚了吗？”

人们没有应声，为了不挨棒子，只好纷纷躺下。十米长、三米宽的大铺怎么能容下百十号人？大家不得不一颠一倒侧着身躺着。黑狗子拎着四棱棒，在走道上来回地走动，同时还不停地呵斥。不知谁“咚”的一声放了个响屁，一个人忍不住笑了一声。黑狗子立刻走过来，当头就是一棒。那个人头上立刻流出了血，再也不吭声了。

之后从铺上下来时，我偷看了一眼那个挨了棒子的人，在那里一动也不动，显然已经死了。

农历十月的塘沽，天气已经开始冷了。晚上，劳工们的衣服被收走，没有被子，上百人裸体睡在通铺上，挤在一起取暖。日本兵让劳工们吃饭喝水，大小便都在屋里，骚臭味扑鼻，让人难以忍受。两天后，每人发了一身衣服，只有鞋和腰带是自己的，衣服是黑色的制服。发衣服时，我们已经知道自己要被送到日本当劳工了。

下午三点，手持棍棒的黑狗子警察吼叫道：“开饭了！”

人们排着队来到最南端的厨房里，一人从地上捡起一个空碗，领一个用发霉的玉米面做的窝头，然后来到一个大锅前。管打饭的厨子用一个大马勺在锅里搅一下，盛了一马勺萝卜汤，在伸过来的碗里蜻蜓点水般点一下。先伸碗的人只能得一点清汤，后来的有两三块萝卜片。无论碗里多少，点一下就必须马上走开，谁如果稍慢一点儿，黑狗警察的棒子就会落在头上。我心里偷偷数了一下，一马勺汤竟分了十四个人。

前面有个人见自己碗里只有一点儿青菜汤，又重新伸过来，想让再添点。一个黑狗子抡起四棱棒，劈头就是一棒。

“哎呀！”那人惨叫一声便倒在了地上。

所有的人都被吓住了，再也没有人要求添汤了。

我端着只有两片萝卜的小半碗菜汤走到一边，啃了一口手里的窝头，又苦又涩又黏，说不清是什么滋味，嚼了半天，实在是咽不下去，“呸”地一口吐到了地上，还牢骚了一句：“这怎么吃啊！”

“小兄弟，凑合着吃吧，就这一天才分到两个，不吃连这些也没有。”一个大概比我先来的人，蹲在我旁边语重心长地说。

攀谈中，他告诉我：“进了这个集中营，身体检查合格的，都得送到日本当劳工；身体检查不合格的，也不放你回家。若是被送到病栋，就算是进了鬼门关，很少有人能活到七天的。三天头上开始不能大小便，尿，只能尿一点血；屙，只能屙一点脓，第四天便会栽倒在地上爬不起来。”听了那人的话，为了活命，我只得勉强吃下去，随便填充一下早已饥肠辘辘的肚子。要命的是窝窝头是用发霉的玉米面做的，里面还是生的，吃了就拉肚子，小便带血丝。

“不能跑吗？”年幼的我天真地问道。

“往哪里跑啊？不知有多少人组织了多少次暴动，都没能成功。听说前不久，有一个叫刘建民的和一个叫范自强的地下党组织了一次暴动，逃出去一百多人，从那以后看管得就更严了。”

吃过饭，人们在院子里自由走动。我在院子里转来转去，看是否能找一个逃跑的地方，然而眼前的一幕让我彻底失望了。我来到院子最西端的一座木板房前，只见门口吊着一个白布帘子，不禁好奇地顺手撩起门帘看了看，顿时感到毛骨悚然，不由自主地打了一个冷战。这里就是刚才那个难友说的病栋。

地面上并排躺着几十个赤身裸体奄奄一息的人。这里既没有人喂汤水，更没有医生看病。里面的人听见响声，有几个动了动，嘴里发出几乎听不到的微弱声音：水，水……

我吓得两腿颤抖着慌忙退了出来。这时，忽然听见有人吹哨子，同时高喊："回房啦！"人们又被赶到了铺子上。天渐渐暗了下来。黑狗子号叫起来："把衣服统统脱掉，躺下睡觉！"

人们一丝不挂地躺在铺子上，你压着我，我挤着你。一会儿，过来两个人，将每个人的衣服收起来，捆在一起抬走了。接着又过来两个人，将抬着的一口大缸放到了铺边的走道上，大缸是让人们大小便用的。

一个黑狗子重复了人们初来时的训话，然后说："现在开始睡觉。"说完，他拎着四棱棒在走道里来回走动，看谁的头抬得高了，上去就是一棒子，并说："把头低下去！"

我的一条腿被压着，由于吃发霉的玉米面馍，肚子也开始隐隐作痛，但我一动也不敢动。半夜时分，蒙眬中我忽然听到"呼通"一声响，铺板折成了一个"V"字形。我全身被压在下面，疼痛难忍，几乎窒息。我拼命地向上拱，总算露出了头，但身子却抽不出来，动也无法动。这时过来四五个黑狗子，大声威胁说："谁也不许动！"

我强撑到天亮，才被一个叫王国赞的和一个叫李国臣的难友从铺上抬了下来，揉搓了好一阵腿和腰，才能慢慢站起来。这时有人抬来衣服，又将盛满屎尿的大缸抬了出去。

救命水与丧命水

我走出木板房，觉得肚子又疼又饿，口渴得不行。人们喝不上水，一个个嗓子干得冒烟。有的人实在忍受不了了，就去厕所里喝别人的尿。当时是冬天，尿都冻成冰碴子了，上面还带着泥，劳工们却如获至宝。

一天两顿的窝窝头越吃越糟糕，和我一块儿被抓来的人，有的今天还活着，明天就动不了了，每天都有人死在床上。拉尸体要用三套大马车，一天拉三车。拉出去的都被扔到附近的万人坑，那里老鸦盘旋，野狗成群。1949 年后，塘沽区政府对万人坑进行了发掘，还在那里为受害者建了一座纪念碑。

当时，我想：与其死在塘沽，还不如早点去日本。被抓来的同胞们都想逃跑，可三面是水，一面是陆地，又被铁丝网拦着，周围是鬼子的炮楼，站岗的鬼子哨兵不多远就有一个，怎么逃啊？

我是个小孩子，看管得相对松懈一点儿。我一直想逃跑，就四面查看，到了第五天，也没有找到合适的时机和地方。到这时，我也脱水不能动了，由于脱水，时常处于昏迷状态。

我身旁不远处，躺着一个大约四十多岁年纪、高大魁梧的人。那人身穿一套黄绿色整齐合体的半旧军装，没有戴帽子，络腮胡须，眉清目秀，面容沉稳刚毅，脸色稍微发黄，正在生病。听人说他是伪治安军某部连长，名叫赵公民，日寇以为他是汪伪政权的人，便给予特殊照顾，每天供应一壶水。后来我听说，他和通信员是在战争中被俘，才加入伪军的，之后又莫名其妙成了劳工。我一直疑心他其实有着特殊的身份，是在伪军内潜伏的卧底，因为他积极救助同胞，实在不像个伪军。

赵公民看到我奄奄一息，心急如焚地骂道："这是什么世道？一个十几岁的孩子，也要把生命断送在这里！"他急忙以命令的口气，对身边一个十五六岁的小伙子说："去，把水给他，让他喝点儿。"

小伙子从肩上摘下水壶，双手抱着摇了摇说："长官，只剩两三口了，他喝了，你咋办哪？"

"别废话，救人要紧，有多少算多少，让这个孩子喝了！"

小伙子名叫施老公，是赵公民的通信员。施老公听到命令，赶忙走到我的面前，打开壶盖，小心翼翼地把水壶里的水一滴一滴地滴进我张开的嘴里。

我那干渴得火烧火燎般的嗓子，忽然得到一滴水的滋润，立刻感到一阵舒服。我像吮吸一种甘甜爽口的果露一样，津津有味地咂了咂嘴唇。

"小兄弟。"施老公俯在我的耳朵上说，"感觉好点了吗？"

我勉强睁开眼睛，看着眼前这位救命的小伙子，微微点点头，用沙哑的嗓音吃力地说："谢谢。"

"啊，活过来了！"施老公吃惊地说道，"真是奇迹，几滴水就能救活一个人的性命，这水真是太好了。水、水，我得尽快想办法弄些水来。”说着，施老公脸上露出了笑容，精神一振，掂起水壶就向厨房跑去。来到厨房旁边一看，到处都是日本鬼子和黑狗子，枪棒林立，无法靠近。他急中生智，悄悄躲到一个角落里，准备寻找时机闯进厨房偷水。

他耐心地等啊等啊，等了老大一会儿，也没有找到机会。忽然，几辆由毛驴拉着的木斗载水车过来了，其中有一辆车上的木斗像小孩子撒尿一样嗞嗞地向外喷水。他喜出望外，急忙猫着腰跑上去，打开水壶盖，对准那小水柱，两只脚迈着小碎步，追着水车接水。接满了，他赶紧喝几口，再接，临近厨房时，怕被发现，就急忙撒腿往回跑，一口气跑到赵公民面前。“长官，有水了。”说着，他把水壶举到赵公民面前，喜不自禁地说，“你看，满满的一壶水。”

“在哪儿弄的？”

“你甭管。”

“去！”赵公民用眼睛扫了一下周围躺着的即将毙命的同胞说，“让他们喝吧！”

施老公像奉了玉皇大帝圣旨一样，立刻逐个地细心喂水，一连喂了十几个人，轮到我时，特地让我多喝了几口，因为我们俩年龄相差一两岁，所以他十分喜欢和心疼我这个小老弟。

一壶水分完了，施老公又去等那拉水的毛驴车。当他等得望眼欲穿的时候，那辆漏水的车又出现了。施老公眼前一亮，像看见宝贝似的跑了过去，照第一次的样子接起水来。车把式是个老实善良的农民，悄悄地对施老公说："喂，小伙子，长点儿眼色，千万别叫掂棒子的二鬼子看见。"

施老公一面跟着水车忙不迭地接水，一面感激地向车把式点点头说："谢谢大叔！"

就这样，施老公一连接了四壶水，救活了几十个人的性命。他出去接第五壶水后，人们左等右等也不见他返回的身影。时间一分一秒地过去了，赵公民和全屋的难友，特别是那些喝了施老公送进嘴里的水，脱离了危险的人，更是焦虑不安，在这生死一线的集中营里，人们生怕出现什么意外。

然而，人们害怕的事情到底还是发生了。从上午一直等到天黑，不见施老公回来，赵公民和我拖着虚弱的身体，去厨房方向找人。在那条拉水的路上，我们看见施老公的尸体呈趴伏姿态，佝偻在血泊中，头被击碎，面部血肉模糊，身旁扔着那个被砸扁了的水壶。不用问，人们已明白了一切。

目睹此景，不经人事的我哇的一声哭了起来。上午救自己的小哥哥，怎么会成了这个样子？我哭着说："小哥哥，你是为救我们被鬼子打死的，你死得好可怜啊！"在场的人个个泪流满面。施老公用自己年幼的生命，换取了几十名同胞和我年幼的生命。这救命之恩，我刻骨铭心、终生难忘。

塘沽劳工收容所像个巨大的鸟笼子，只要被关进去，就是插翅也别想飞出去。我们饱受常人难以忍受的煎熬和折磨，每天度日如年。与其死在这里，还不如早日上船。上了船，暂时可以活着，留得青山在，或许会有出头之日。等到第六天，终于熬到了上船的日子。临上船前，集中营的日伪人员对我们进行了体检、照相、登记、打防疫针。为了防止在日本为劳工做衣被浪费日本本土的资源，编队后还给每人发了一床白被子、一身黑衣服。

押往日本的轮船上

那天，天刚亮，我和赵公民等三百多名劳工便被呵斥醒了。我们排着队来到海边，一艘载我们去日本的货船正停靠在码头上，一条两米宽的跳板搭在岸和船之间，跳板的两头站着端枪的鬼子。

“快点儿，一个一个地上。”黑狗子不停地呵斥着，像赶着一群猪羊一样把人们逐个赶上了船。为防止逃跑，凡长得强壮一点儿的，都被两个黑狗子左右“保护”着。到了中午，人们才全部上了船。随着一声凄厉的汽笛声，轮船缓缓驶动了。

这艘载着三百多名中国劳工的船，从天津塘沽出发，开往日本门司港。

大船好像难以负重似的，上面的烟囱“咕嘟咕嘟”吐着黑烟，像一头拉着重车的老牛，“扑哧扑哧”喘着粗气。黑烟与海上的水雾交融在一起，整个天空灰蒙蒙的，不见天日。轮船渐渐离开了港口，缓缓地行驶在茫茫的大海上。

我们这些劳工站在甲板上，望着波涛汹涌的大海，背井离乡的心情像大海一样难以平静。忽然，我们听到“扑通扑通”几声巨响，随后有人喊道：“有人跳海了！”接着就是“砰砰”几声枪响，几片血红冒出海面，慢慢向周围扩散开来，血与海水融为一体。

“不要在甲板上站了，统统都到船舱里去！”几个端着枪的日本鬼子对着众人吼叫。

跳海事件一出，人们被赶进了船的底舱。底舱很大，盛满了煤和大米，那是日本鬼子从中国掠夺的东西。人们只能在底舱里的空隙间坐着或蹲着。船在海上行驶了约一个小时，舱门被打开了，大约已到深海，跳水也是淹死，所以日本鬼子又把人们重新赶到甲板上。再向祖国方向望去，祖国已在隐隐约约的雾气中。

我和同胞们心如刀割，眼里饱含着痛苦和愤怒的泪水，一个个默不作声，只能听见海风和海浪的声音。

别了，亲爱的祖国；别了，陆上的亲人。大家谁也无法预料，这一走何时才能回到祖国、回到母亲的怀抱。

海风越刮越紧，海浪渐渐大了起来。浪花“啪啪”地拍打着船舷，像是打在劳工们脸上一样耻辱，这是国家沦陷的耻辱；像是打在劳工们心上一样疼痛，这是离乡背井的疼痛。海水和泪水交融在一起，在劳工们的脸上流淌。含盐的海水侵蚀着劳工们撕裂的伤口，令人撕心裂肺、肝肠寸断。

轮船要在海上漂泊七天七夜，才能到日本。日本鬼子让赵公民指派劳工自己做饭。人们终于可以吃上不发霉的玉米面窝头了，喝水也不再限量了。人们狼吞虎咽地吃着饭，尽情喝着水。俗话说："人是铁，饭是钢，一顿不吃心发慌。"填饱肚子后，人们脸上露出了久违的笑容，同时也有了精神。轮船并不是直接驶向日本，而是绕道黄海，进入朝鲜海峡，而后到达日本海。

轮船在海上航行了三昼夜，刚刚驶出朝鲜海峡，突然，狂风骤起，海浪滔天。海风越刮越大，海浪越掀越高。巨大的海浪就像一条巨龙在浩瀚无际的大洋上狂舞。大海涌起一座座浪山，远远望去，浪山叠涌，此起彼伏，一排排、一层层，如同群山狂舞，怪兽怒奔。巨大的货轮竟如风中飘摇的一枚落叶，忽而坠入万丈深渊，忽而被举上云端。惊天动地的海浪迫使这艘罪恶之舟不得不抛锚停航，停靠在岸边。

大风和大海的这场恶战，遭难的仍是底舱那些虚弱的中国同胞。我们刚刚吃了两天饱饭，就被轮船颠簸得晕三倒四，胃里翻江倒海。人们拼命地往外吐，吐完了食物，开始吐苦水，连苦水也吐不出来了，有的人就开始吐血水，甚至恨不得把自己的肠子都吐出来。有的人实在受不了了，就投进汹涌澎湃的波涛中，同祖国和亲人永别了。

鬼子要把我投下大海

两天后，风浪平息了，轮船开始起航。起航前，日本鬼子做的第一件事就是清点人数。几个日本兵来到船舱里，丧门星一样喊叫着："都出来，统统到甲板上去。"

人们艰难地从舱口爬出来，很多人直挺挺地躺在船舱里，动弹不得。日本鬼子呵斥着，让能动的人把躺在舱里的人抬到甲板上。被抬上来的人有十几个已经断了气，再也站不起来了。这时，一个戴着口罩、手拿木棍的日本鬼子走过来，后面跟着两个鬼子。那木棍一米来长，小鸡蛋粗细。他用木棍挨个敲打躺在甲板上的中国劳工，敲到谁，谁就要赶紧坐起来，以表示自己还活着。不动的，就表示死去了，后面的日本兵会立刻走上前去，一个人抓住双脚，另一个人抓住双肩，甩手就扔到波涛汹涌的大海里。我眼睁睁地看着前后一共有十三名同胞被扔进大海。

一次，日本兵的棍棒敲打在我的头上，同时又踢了两脚。我本能地哼了一下，身子动了动，想使足劲坐起来，可是由于晕船和疾病的折磨，身子却不听使唤，好像软得没有了骨头，实在起不来了。两个日本兵拉住脚就把我往甲板边拖，要把我往海里扔。这时，难友廖玉春死死抱住我不放，并以仇恨的目光瞪着那个日本兵说："不能扔！他还活着，你们不能这样草菅人命！"

日本兵不信，又扑上去，执意要扔我。日本兵残暴的行为把船舱里的同胞激怒了，大家纷纷爬起来，大声喊着："小日本不拿咱中国人当人看，咱们跟他们拼了，要死大家一块儿死！”

日本兵害怕激化矛盾，只好放下我不管不问了。同伴们抱起年幼的我，给我喂水喝。在大家的细心照料下，我又奇迹般活了过来。同胞们救了我，使我死里逃生。

由于太平洋战争的爆发，日本人这次运送劳工使用的是商船。他们害怕遭到美国飞机的轰炸，很少让人到甲板上活动，船走得也很慢，又走了五六天，才到达了日本九州的门司港。船离开天津塘沽，经过大连、旅顺、朝鲜，才到达了日本。船上的三百多名劳工中，有三十多人被日本兵扔到大海里，葬身鱼腹，连尸首也没有留下。想起死去的同胞，海浪巨大的哀鸣声时常响在我的耳畔，萦绕在我的心头。

在日方后来编印的劳工名册上，明确写有我们这个作业场的劳工分两批从中国塘沽运往日本门司港，但华北劳工协会同日本企业的移交合同上写的是三百五十人，在日本门司港下船上岸的却是二百九十七人，其中五十三人人间蒸发，日本当局对此不做一点说明。如果不是我亲身经历、目睹了这些情况，谁能说清这些被害劳工的下落？这不是公开地掩盖侵略者的杀人罪行吗？

父亲寻我丧黄泉

我被抓为劳工，运往日本，我的家庭也因此发生变故。我被抓走后，父亲从外边回来知道了，急忙到东长寿镇上打听消息。有人对他说："今天抓走的人可能被运到青岛，送往日本当劳工了。"

父亲安排好家人的生活，赶往石家庄，乘坐石（家庄）德（州）铁路到济南，换车到青岛，打听儿子的下落。当时青岛也有战俘劳工集中营，第一劳工训练所设在铁山路八十五号，第二劳工训练所设在汇泉广场体育场。父亲边问边找，先找到集中营驻地，然后站在门口，问从里面出来的人："这里有从石家庄抓来的劳工吗？""知道不知道被日本人抓走的人中有个叫闹小的？"得到的回答都是摇头和"不知道"。他跑了两个劳工训练所，问了火车站和船运码头，耽误了几天工夫，也没有找到从石家庄抓来的劳工队。失望之时，好心人告诉他："送往日本的劳工，山东、河南的大多从青岛上船，而河北、平津的大多从塘沽上船。你可以到塘沽去问问。"

父亲不知道从青岛去天津塘沽的路，就急匆匆回到了石家庄，然后去北京，再到天津塘沽。塘沽集中营一般人是接近不了的，他只能在门外等待给里面送水的、拉尸的、干活的工人，从他们口中打听一星半点的消息。从石家庄送来的劳工不少，但都没见过叫闹小的孩子。有人对父亲说："被抓来的人死了很多，没有死的都被运到日本当劳工了。”父亲不相信儿子会死，他知道我是被送到日本了。

父亲脑子里一片空白，啥办法也没有了，只好回家。一路上他精神恍恍惚惚，走路磕磕绊绊，终于回到了东长寿镇。那天晚上，先下雨，后下雪，风雪交加。离家只剩一里半路了，风雪中的父亲，浑身像个泥人，身体像散了架，一点力气也没有了，两腿灌了铅似的，沉得一步也挪不动。他每挪一步，就滑倒摔一个跟头，然后爬起来继续走，就这样一步一跌，也不知用了多少时间才走到租种的地头。眼看离家只有几百米了，父亲又摔倒，却再也站不起来了，只能爬着回家。他咬紧牙关，用尽全身力气向前爬动。爬呀，爬呀……这几百米是多么的漫长啊！父亲连急带气，迷失了方向，眼看着自己的家，就是回不去。他放开嗓子喊，微弱的声音却被呼呼吼叫的风雪淹没。爬着，爬着，他昏了过去。

天亮后，过路的人看到了被冻僵在雪地里的父亲，立即告诉了母亲。母亲和我童养媳六六姐，找人把父亲抬到了家里。父亲的衣服和裤子冻成了直棍，根本解不开。母亲用剪子帮父亲把衣服剪开，让他躺在热炕上，给他盖上厚厚的被子，用热毛巾给他擦身体，喂他热面汤，折腾了半天终于把父亲救活了。

父亲睁开眼问母亲的第一句话就是：“闹小回来了吗？”

母亲怕父亲着急，就骗他说：“回来啦。”

父亲说：“让闹小来看看我。”

母亲就说："闹小出去了。"

后来父亲慢慢清醒了，他向母亲诉说了到青岛和塘沽寻找我的情况，母亲这才知道父亲找我遇到的艰辛。他向母亲说："闹小回不来了，他被抓到日本当劳工了。"

之后的几天，父亲是时而清醒，时而糊涂，清楚的时候就想着我怎么受罪，想着想着就大哭起来，还从炕上跳起来。母亲把父亲按倒在被窝里，父亲边哭边说："老天爷啊！我做了什么不对的事了？你这样让我的闹小受罪。老天爷啊！我要是做了错事，你让我去受罪吧，别让我的闹小受罪好吗？"

父亲到家七八天后，喊着我的名字撒手西去了。因为父亲去世，母亲也得了一场大病，从此身体虚弱，难以自理。

接二连三的灾难

人们常说：福无双至，祸不单行。父亲死去第二年，也就是1945 年的 4 月 17 日，日本鬼子又到我们村扫荡。

那天，日军到北齐同村扫荡。不知谁大喊了一声："日本鬼子进村啦！"村里就乱成了一团，纷纷扶老携幼向村外逃跑。童养媳六六姐和我大妹妹把有病的母亲搀扶到村外的树林里躲了起来。六六姐让大妹妹照看着母亲，自己又返回村里寻找没有跟上来的小妹妹和小弟弟。六六姐走到村西地里，看见小妹妹、小弟弟从村里跑出来，后面还跟着追赶过来的日本鬼子。六六姐看到地里有好多高粱垛，垛中间有缝隙可以躲藏，于是急中生智，领着他俩钻了进去。

烧杀抢掠的日本鬼子发现高粱垛里藏着人，就点燃了高粱垛。火借着风势，整个地里的高粱垛一下子全燃着了。一时整个田野浓烟滚滚，火光冲天；里面的人哭喊乱叫，泣不成声。六六姐怕妹妹和弟弟被烧死，用尽全身力气把他俩推出高粱垛，不幸被外面的日本鬼子看见了。两个鬼子兵跑过来，用刺刀把我妹妹和弟弟挑到火里。他们两人被投进熊熊燃烧的火堆里，被大火活活烧死了！

日本鬼子走后，母亲和大妹妹在没有燃尽的柴草里找到了小妹妹和小弟弟的尸体。六六姐没有烧死，但已烧得面目全非，她们听见微弱的说话声，才辨认出六六姐。看到此情此景，母亲悲痛欲绝，不省人事，还是在乡亲们的帮助下，才埋葬了弟弟妹妹，把六六姐抬回家。家里想方设法保住了六六姐一条命，她却落下了终身残疾。这次扫荡，日军在北齐同村残害了好几家，有的村庄还发生了成百上千人的惨案。在扫荡的同时，日军还抓兵抓夫、拆房砍树、筑碉堡、修公路、设据点、挖界沟。当时在冀中平原上流行着这样几句话："抬头见岗楼，迈步上公路，无处不带孝，处处有哭声。"

而这一切，我在被押往日本做苦役时，完全不知情。直到事件发生四年后的 1949 年，我加入人民解放军，南下路过新乐时回村探望，才听说了个大概。当时母亲带着童养媳和大妹妹，已逃回河南。我想找到父亲和弟妹的坟墓，却没有找到。因为要追赶部队，匆匆告别了北齐同村。直到十二年后的 1954 年，我从部队复员回到家乡，母亲才跟我诉说了家庭变故的详情。好端端的一个家，被日本侵略者搞得妻离子散、家破人亡，我的心情怎么能平静？日本鬼子给我的家庭，以及中国人民制造的灾难，深深印在我的心中。就在家人一个个遇难时，我和同往的难友也挣扎在日本三井公司的煤矿中。

东瀛做苦工

强掳中国劳工和让劳工进行强制劳动，是日本的战时国策。它于1931年九一八事变后日本在中国东北建立的伪满洲国开始实施。中国华北地区自古就有闯关东的习俗，而东北每年都接纳数十万关内劳动力。日本占领东北初期，一是担心关内革命分子进入东北，二是担心关内劳动力把工资大量汇入关内，搞乱东北的金融，所以限制关内劳动力流入东北。后因其北边振兴计划、北边工程建设和关东军特别大演习需要大批劳动力，政策逐渐由限制变为骗招，七七事变后又开始强掳。到1941年后，每年有近百万劳工被骗招和强掳到伪满洲国。日本从伪满的强掳劳工中尝到了甜头，1942年11月，东条英机内阁会议通过了《关于将华人劳工移入日本内地的决议》；12月，日本企划院组织了“华北劳动状况视察团”到中国华北、东北考察，并参观了石家庄劳工训练所和济南劳工训练所。在试验移入一千四百多名中国劳工后，日本内阁次官会议于1944年2月26日，做出《关于

促进华人劳工移进国内事项》的执行细则。从此，日本开始大批强掳中国劳工，直到 1945 年 3 月航路被炸不能运输才停运。三年间，日本强掳中国劳工到本土达四万人。年龄最大的七十八岁，年龄最小的七岁。这些劳工被分配到日本的五十五家公司、一百三十五个作业场，在矿山采掘、港湾装卸、国防土木工程及造船等行业从事重体力劳动。我就是这四万劳工中的一员。

门司港的消毒洗澡

经过十四天航行，我们终于在 1944 年 11 月 19 日到达日本九州门司港。

在门司港，日本人怕中国劳工把病菌带到日本，下船上岸的第一件事就是洗澡消毒。日本人让中国劳工排着长队到澡堂去洗澡。一进院门，就让我们脱光身上的衣服，排队走到一个直径三米左右的大蒸笼前。日本鬼子命令我们把脱掉的衣服用皮带捆着，放在蒸笼前。蒸笼分十多个蒸屉，上面用铁链吊着，下面冒着热腾腾的蒸气。一个日本人手执一个七八尺长的大铁钩，将衣服一捆捆地挑起扔进蒸笼里，一蒸屉满了，便启动电闸，放下另一层再装，边装边蒸，逐一消毒。

我们赤条条地排队前进，走到浴池门口时，大家都吃惊了。

门口站着两个穿着和服的年轻女子，她们像哼哈二将一样把守在门口，一只手端一碗黑乎乎的药膏，另一只手从碗里扣药膏，每个中国劳工走到她们面前，她们就从碗里扣点黑药膏，抹在劳工的手里，让我们涂在身上杀菌。

澡池分作两个，第一个池子里是白色的药水，用来清洗和消毒；第二个池子里是一池清水。澡堂里也有日本女人清扫卫生，她们引导劳工先在第一个池子里泡澡搓洗，再到第二个池子里涮净。半个月的行船后，身上又臭又脏，在热水里一泡，格外舒服。

洗完澡，我们又到门司港换乘火车。我坐在火车上，隔着车窗向窗外看，只见一路上黑烟滚滚，路两边布满了大大小小的工厂，有的能看见机器，有的看不见机器，每个工厂里都发出一种刺耳的噪声，闹得人们心里乱糟糟的。一路上更让我吃惊的是，遇到的行走的人不是老人、幼儿，就是日本伤兵，偶尔看到的日本国民都是衣衫褴褛。我不解地问廖玉春：“这是怎么回事？”

廖玉春说道：“战争是把双刃剑，既害人又害己。在战争中没有哪一方是完全的赢家。从暂时看，日本似乎是赢了，我们都被他们抓来当劳工。但从长远看，非正义的战争早晚都要失败，而且会失败得很惨！”

对廖玉春说的道理，我似懂非懂。但面对日本如此狭小残败的国土，我不明白，中国是个泱泱大国，怎么会让国土是弹丸之地、国民如此贫困的“小日本”把大片河山给占领了呢？

九州三井田川煤矿

经过三个多小时的行程，火车把我们载到了福冈县田川市。下了火车，又换乘汽车，一个多小时后到达目的地。经过一条铺满乱石炭渣、黑尘四起的坎坷道路，劳工们被日本人带到一座山前。在半山坡上有一个用铁丝网围起的大院子，这便是罪恶滔天的福冈县三井矿山田川矿业所第三矿井华人劳工所。

劳工所坐东朝西，南北长约两百米，东西长约九十米。一进大门，是一个很大的广场，广场北边靠墙放着十个用木板做成的笼子，每个高 1.3—1.4 米，是用来关押中国劳工的刑具。紧靠大门南侧有一排木板房，是日本鬼子管理劳工的办公室。办公室对面靠北墙是厨房，中间有个小广场，再往南是五排木板房，木板房的东侧是洗漱池和厕所，外面有护栏围着，护栏外是十几丈深的悬崖。木板房的西侧是一片空地，空地的北侧是煤渣、矿石堆成的大渣山。这个院子没有围墙，除了悬崖处有护栏外，其他地方都是铁丝网。大门外，左边是几排低矮破旧的木板房，右边是一个沥青厂和一个煤球厂。沥青厂散发着浓烈而刺鼻的呛人气味，煤球厂传出“咣唧、咣唧”响个不停的刺耳噪声。我往煤球厂瞥了一眼，见有几个日本工人赤身裸体，只用一块兜裆布遮着私处，正在紧张地忙碌着；还有几个女人，裹得严严实实的，只露一双眼睛，宛如传说中的巫婆。这场景令人咋舌。

中国劳工奉命在广场上集合站队，等待训话。

之后，一个胸前挂着小木牌，上面写着“木村”字样的瘦高个儿开始讲话。木村是这里的翻译。他用中国话先介绍了一下劳工所的情况，接着指着一位六十多岁、留着花白八字胡的老头介绍道：“这位是所长谷本先生，大家欢迎！”

中国劳工没人鼓掌，只有台上的几个日本人拍了几下。这让日本人很没面子，本来笑嘻嘻的脸，一下子冷下来。

木村还向大家介绍了监工小原。小原矮个子、尖脑门、高颧骨、尖下颚，留着一撮仁丹胡，猪头猪脑的。因此，背地里人们都喊他猪头。

从此被叫“捞枯棒”

紧接着，日本人开始给劳工分班、编号。我们这支二百多人的劳工队，被编成一个大队，下面分成三个中队，每个中队一百来人；中队下面又分成三个小队，每个小队三十多人。曾在国民党部队中当过军官的战俘，被任命为大、中、小队长。劳工们一人一身纯黑色粗布劳动衣，衣服的后背上有一道很粗的红色横杠，胸前印着阿拉伯数字，数字是编号。穿上这套衣服，就表明自己是一个被踩在脚下任人宰割的奴隶。我被编入一中队一小队，是第六号，发给我的是一套印有“6”的衣服。“6”号日本语叫“捞枯棒”。工头一喊“捞枯棒”，我就得赶紧走上去。有一次，日本工头上来就是一巴掌，我一躲，一棒子又打过来。翻译拦住了他，对我说：“我给你讲，你们亡国啦！”

我抬起头，斩钉截铁地说：“不可能！绝对不可能！”

劳工们集中住在五排木板房的前三排，1—100号住第一排，101—200号住第二排，剩下的住第三排。木板房东西长约三十米，南北宽约六米。劳工睡的是用木板搭成的通铺，分上下两层，有立柱供上下，铺上没有被褥，中间留有两米左右的走道。

这里跟在塘沽不同的是，拿大枪的日本兵换成了腰里别着手枪、手里拿着大棒的日本工头。

每天的伙食标准不到七两，一日三餐四个馒头，早晚各一个，中午两个，馒头就着青菜汤，青菜汤里有时是萝卜或白菜，有时是茄子或南瓜。

上工前，矿业所对我们进行了为期半月的集训。日本工头把中国劳工集合到广场上，按中队排队，学习各种指令，练列队和跑步，同时教大家学说常用的日本话，如集合、干活、吃饭、睡觉、大队长、小队长等等。后期训练是井下作业。日本人用木头在广场上架起模拟井下巷道，进行直观讲解。

训练结束后的一天下午，劳工们被带到一个山坳里。山坳里有一个很大的温泉，每天有上百名日本男女老幼在那里洗澡，全是赤身裸体，没有一点忌讳。我们经历了一次，并没有感到稀奇，只是对日本的风俗感到诧异，认为“日本人不知羞耻”。在监工的监视下，劳工们洗了一次温泉澡，疲惫的身心稍微得到一点儿放松。然而，我们哪里知道，这是猪狗不如生活的前奏，苦难的挖煤生活从第二天就开始了。

第二天，天还没有亮，一阵紧急集合的哨子声，把我们从睡梦中唤醒。大家不敢怠慢，稍慢一点儿，就要挨鞭子，这是训练时记住的教训。每天起床后的程序是相同的：集合、点名、排队领饭、饭后每人发两个小馒头和一壶水（是井下的中午饭）。第一天多了个下井前训话。当日本监工喊道："捞枯棒！"我"啪"地来了个立正："哈依！"说这稀奇古怪的日本话，年幼的我感到好笑。

点名时谁也不敢迟慢，否则那高悬的皮鞭就会抽打在身上。点过名后，谷本所长叽里呱啦地训话。

木村翻译道："你们来到这里，工作就是当矿工，下井挖煤，不准怠工，不准捣乱，要听从领工的安排，要努力工作，两年后你们就可以回家了。我们大大地发工资，回家可以用这些钱盖漂亮的房子，买多多的地……"

下井挖煤是三十个人一小队。我有幸和赵公民、廖玉春、王国赞、李国臣等人分到一个队里。

从劳工所到矿井要走一段高低不平、黑尘滚滚的乱石小路。小路旁边工厂林立，这些工厂大多是生产煤球的。在监工小原等人的看押下，我第一次走这段路，第一眼看到的是一个衣服破烂不堪的日本工人，低着头在地上拾烟头。在井口领矿灯时，我又惊奇地发现操纵电梯的日本老人穿着一件补丁摞补丁的"百衲衣”，补丁的颜色五颜六色，看上去像件迷彩服。我好奇地摸了摸问：“你这衣服穿了多少年了？”

日本老人竖起三个指头。

廖玉春也竖起三个指头问：“三年了？”

日本老人摇摇头说：“三十年了。”

我和廖玉春等人像发现了新大陆似的，一个个睁大了惊奇的眼睛。

“怎么这样简朴啊！”李国臣随口说道。

日本老人没有回话，只是苦笑了一下。

地狱里的生活

廖玉春非常喜欢我这个小弟弟，从各方面对我给予无微不至的照顾，无论排队、吃饭、干活、睡觉，总是让我紧挨着他。

我们的任务是往溜子上铲煤。廖玉春让我站在最里面，这样就是稍微有点儿偷懒，也不容易被日本监工发现。我端着一个小簸箕似的铁锨，吃力地铲上一锨煤，扔到溜子上。几铁锨下来，已是气喘吁吁了，可是不敢停下来歇一歇，因为几个监工在不停地来回走动，还不时地大声呵斥。

“快点，不准偷懒！”

“你这是干活吗？”

话音未落，劳工姚华的背上就挨了一鞭子。没多久，王国赞、李国臣、耿留根等人先后都挨了鞭子。

吃中午饭的时间只有半小时。打眼放炮的韩国人利用这个时间进行工作。每当炮响之后，整个巷道浓烟滚滚，灰尘飞扬。人们手中的窝窝头立刻变成了黑色，白口罩变成了黑口罩。人们干一天活下来，除了白眼珠和白牙齿外，全身再也找不到别的颜色，连吐出的痰都是黑色的，一个个活像地狱黑鬼。

每天晚上六七点钟才收工，一天下来，我们一个个筋疲力尽，累得连走路的力气都没有了。晚上在铺上，浑身像散了架似的。天长日久这样干，再强壮的人也吃不消。慢慢人们学乖了，开始和监工打起游击战。监工走过去，人们只动铁锹不铲煤，或者少铲煤；监工一过来，马上一本正经地干活。监工们发现出的煤少了，起初很纳闷，不久便发现了这个秘密，于是大发雷霆："你们，亡国奴地干活，良心大大地坏，光吃饭，不干活，偷懒地有，完不成任务，下班地没有。"

每天除了干活，就是吃饭、睡觉。劳工们之间除了几个亲近的外，谁也不知道谁叫什么名字、是哪里人，只知道编号。

下井挖煤是个又脏又累的活。在昏暗的矿井里，劳工们成年累月不见阳光。繁重的劳动使体能消耗很大，加之伙食标准低，吃不饱，两三个月下来，劳工们个个骨瘦如柴、弱不禁风。因为营养不良，多数人患上了浮肿病。病了，没有人给医治，只有等死，矿上陆陆续续出现了死人的现象。劳工们在皮鞭下艰苦劳作，有的人实在支撑不住，稍一偷懒，日本工头的皮鞭就会抽打到身上。

艰苦的劳作和饥饿折磨着每一位劳工。我们从1944年的11月份开始下井挖煤，到第二年春天，一个一个瘦得皮包骨头，别说下井挖煤了，连走路都困难。进矿井和出矿井时，同胞们都是互相搀扶着，有的人确实走不动了，就倒在路边，再也没站起来。这些客死异国他乡的劳工，家里人连个尸首都见不着啊！没有人知道，这次下了矿，收工时是否能爬出来？

一块白菜帮 一条劳工命

矿山周围都是黑色的地面，连草也是黑色的。劳工们饿得实在走不动了，趁鬼子不注意时，就沿路拔草吃。人们都渴盼能赶上夜班，因为下班时是白天，可以看到路边的垃圾堆里有没有烂菜叶或橘子皮之类的东西。虽然有时监工的皮鞭会落到身上，但那是我们唯一能够找到一点“食物”的机会！

一天下夜班，人们互相搀扶着走路，脚却笨拙得像蜗牛一样，艰难地向前挪动。谁都想先来到那堆垃圾旁，寻找点吃的。有一片腐烂的白菜帮被污浊的垃圾压着，只露出了一点点白梗，不注意的话根本就不会发现它的存在，可是却有好多人看见了，都疯狂地连滚带爬地向前扑。有个叫王纪栓的劳工，抢先了一步，一把把它抠了出来，连上面粘着的泥土都没有抖一下，便塞进了嘴里，香甜地嚼着，难友们羡慕极了。

“八格牙路，你地死啦死啦地，亡国奴。”监工一步赶上，抡起皮鞭便劈头盖脸地毒打起来。王纪栓的衣服被打飞了，浑身翻起一道道血红的肉花，痛得他哭天喊地，一会儿就不动弹了。监工住了手，命令耿留根、王国赞将王纪栓抬回去。这两个人虽然长得块头大一点儿，但现在已被饥饿和劳累折磨得只是勉强能够行走，哪有力气抬王纪栓啊！后来，廖玉春、李国臣等人一起帮忙，才把王纪栓拖回了劳工所。

到了劳工所，日本人还没有罢休。他们不准劳工们洗澡、吃饭，把人们集合到广场上进行训话。正在值班的小原听了监工的报告，“腾”的一下从屋里蹦出来，对着地上的王纪栓就是一阵猛踢。大概是王纪栓的骨头硌疼了他的脚，小原很快就不踢了。他跑回办公室，拿来一条用三角皮带做的鞭子，对着王纪栓劈头盖脸地猛抽乱打，嘴里还不停地骂：“你地不好好干活，死啦死啦地有。”

“八格，你地良心大大地坏。”

“亡国奴地干活，打死你地有。”

“谁地不好好干活，和他一样地干活。”

王纪栓在地上痛苦地翻滚着、惨叫着。鞭子抽打在王纪栓身上，痛在每一个劳工的心里。人们对日本人恨得咬牙切齿，可是敢怒不敢言，不忍心看着王纪栓挨打，只好闭着眼或扭着头。不一会儿的工夫，王纪栓的惨叫声渐渐低了，慢慢地停止了，身子也不动弹了。小原见王纪栓已晕死过去，命令我和廖玉春等人把王纪栓抬到第四排的木板房里。第四排是病号房，平时没有人敢去探望或送饭、送水，谁去了如果被逮住，比王纪栓下场更惨。送到那里的人，即便是活着的，也只能等死了。归国后我了解到，王纪栓死在日本后，他妻子不久就去世了，留下一个瞎了右眼的儿子，靠磨剪子戗菜刀为生。

我还认识一个叫王青山的难友，抬王纪栓时在病号房里见过他，那场面，让人心都堵得慌。一溜躺着十几个病号，已经没有力气说话了，一个个伸着手，指着嘴，比画着要东西吃。这些劳工连病带饿，浑身浮肿，奄奄一息，很快就都死去了。

王纪栓的事在人们脑海中渐渐淡了，已经没有心思再去想其他了，因为每个人都是自身难保啊！这样的结局说不准哪一天会降临到自己的头上。死的人渐渐多了，有的人正在采煤，采着采着，突然一头栽在地上就不动了；有的人下了工，往井口爬着爬着，趴在地上便动不了了。少则一两天，多则五六天，便会有一个人从我们的生活中消失。煤矿的活既脏又累，而且经常发生事故。一次煤矿冒顶，二十一名中国劳工被砸在里头。难友们将他们一个个挖出来，死了十几个，另外的几个被砸成重伤。其中一个叫顾国良的，腰部以下不听使唤，虽然保住了性命，却落了个终身残疾，只能在地上挪着行走，后来回国不久就死去了。因为我年龄小，难友们照顾我，只是刚开始下了一段时间井，后来就让我开卷扬机，不再下井，所以我幸运地活了下来。

我是中国人，不伺候日本官

日本人在中国劳工面前盛气凌人、蛮不讲理，说什么：“我们是太君，你们是苦力、是奴隶，奴隶不能不听太君的话……”听了这话，我恨得咬牙切齿、怒目圆睁。

一天，我正在院里站着，监工突然叫我：“捞枯棒！”

“哈依！”我条件反射地打了个立正，却晃了几晃，差点儿栽倒。

“你地到办公室去，太君找你地有。”

“哈依！”我回答后看看廖玉春，廖玉春也看看我，也不知道发生了什么事。

我赶到办公室，谷本笑嘻嘻地拍拍我的肩膀，叽里呱啦地说了一通。

木村在一旁翻译说：“小鬼，看你聪明能干，谷本太君很喜欢你，办公室需要你这样一个精明的小伙子搞内勤，扫地擦桌子，给太君倒水点烟，以后就别下井挖煤了，在这里还可以吃饱饭，你地明白？还不快谢谢太君。”

谷本所长是一个呆板的白发老头。当时，我忽然想起父亲说的一句话，“冻死不烤灯头火，饿死不吃下贱食”。我冷冷地看了谷本和木村一眼，斩钉截铁地说：“我是中国人，不伺候日本官！”

“什么？”木村一听，大吃一惊，将我的话翻译给谷本。

谷本勃然大怒，腾地从椅子上跳起来，从墙上摘下皮鞭，劈头就是一鞭，直打得我顺嘴流血。

他气急败坏地问：“你地小小亡国奴地干活，伺候不伺候日本太君？”

我摇摇头，没有吱声。

另一个日本人怒气冲冲地说：“好啊！你竟敢顶撞太君。”他们边说边打，把我打得昏了过去。随即，他们提了一桶凉水，浇到我身上。

我睁开眼，醒了过来。

木村又问：“你到底干不干？”

我还是摇头。

“把他关到木笼里。”谷本说。

木村叫人把我拖到木笼边，喝令我进去。木笼上的铁门只有五六十厘米宽，只能爬着进去。我弯着腰，才进去半截身子，就被后面的木村一脚踹了进去。木笼“哐”的一声被锁上了。木笼里只能蜷曲地坐着，没法站，也没法躺。不知过了多长时间，忽然听见有人叫我，接着从木笼靠上方一个十四五厘米的小口里递过来一个窝头和一碗菜汤。这个小口是唯一能和外界沟通的地方。我接过饭，狼吞虎咽地吃了下去。按照劳工所规定，只要被关进木笼里，一天只能吃一顿饭。天渐渐黑了下来，我又饿又渴，昏昏沉沉睡着了。

不知道睡到什么时候，我突然被轻轻的敲击声所惊醒。外面一片漆黑，万籁俱寂。谁在敲木笼？正在我纳闷疑惑时，从小口处伸进一只瘦骨嶙峋的手，手里拿着两个窝头，接着我听到一个苍老的声音："吃吧。"

原来是平日给劳工做饭的朝鲜老人李信。我以感激的目光看着这位异国老人，接过窝头和另一只手递来的菜汤，三下五除二吃了下去，觉得胃里舒服多了。递碗时，我连连点头说："谢谢，谢谢。"

"嘘，小声。"李信接过碗匆匆走了。

第二天送饭时，我说："别送了，要是被监工发现那可不是闹着玩的，别因为我连累了你。"可是，一连五天，每到半夜时分，李信就偷偷来给我送饭。

一直关了九天，日本人才把我放了出来。当时，我已经站不起来了，只能爬行。

我出来后，找李信攀谈。他告诉我说，他已经来了十多年了。

"不是说干完两年就让回国吗？"我不解地问道。

李信苦笑了一下说："刚来时他们也是这么说的，我们来时一百多人，现在只剩我自己了，你到后山看看就知道了。"

他把我带到后山，那里有一百多个草袋子，里面装的都是黑色的人骨头。李信眼含泪花，无比悲痛地说："这是我们朝鲜人的尸骨。给日本人做牛马早晚也是死。日本人是我们共同的仇人啊！"

听了李信的话，我想："早晚是死，还不如早点死了，还少受点活罪。"

绝望时的选择

我实在忍受不了那惨无人道的痛苦折磨，开始思考用什么办法来结束自己年轻的生命。我们住的房子前面就是悬崖峭壁，山下怪石嶙峋，只要往东边走几步，跳下去必死无疑。

濒临绝望的我，站在悬崖边，正想纵身一跳结束生命，忽然想起国内的爸爸、妈妈、六六姐、妹妹和弟弟，心里动摇了。在凄楚的月光下，我把自己的想法告诉了好友王吉锁。

王吉锁抱住我说："兄弟，不能走那条路，日本快败了！快败了！我们快回国啦！"

听了王吉锁的话，我坚定了活下去的信心。

在两百多名劳工中，能干活的只剩下一百多人了。其中有个年纪大的说："照这样下去，谁也活不了，我们这些六十多岁的人，是难以活着回到祖国了。你们年轻，要坚持活下来，回到祖国，给家里人捎个回信。"老人们看我年纪小，就你省下一口馍，我省下一口汤，背着日本人，让我尽量多吃。后来，这些老人都死在了日本。

哪里有压迫，哪里就有反抗。在日本国土上，曾多次发生过中国劳工的暴动，如秋田县的花冈暴动、长野县的木曾谷暴动。我们所在的福冈三井煤矿也发生过一次暴动。

三井公司，日本称三井株式会社，是日本的大公司，战时使用中国战俘劳工最多。仅三井矿业和三井造船两个公司十一个作业场，就强掳战俘劳工五千多人。在三井田川煤矿南边的福冈县稻叶町，有个三井山野第一矿，这里的战俘劳工很多，有六百多人，其中第一批两百多人，是1943年从石家庄集中营试验移入的，多数为战俘，日本称其为“第一华人”。从中国出发时，日本当局许诺一年期满就把他们送回中国，但战俘劳工干满一年，要求归国时，日方却不允许。于是“第一华人”举行了集体罢工，并派代表同日本矿主交涉。三井矿业公司不仅不答应归国之事，还以“不做工，没饭吃”为由，将罢工的战俘劳工的饭停了，找矿方交涉的代表也被扣压。“第一华人”的战俘劳工到饭堂抢饭吃，残忍的日本警察竟用洋刀将抬馒头的战俘的胳膊砍了下来。愤怒的战俘劳工，纷纷拿起铁锹、棍棒与日本监工搏斗，并用铁锹劈了几个行凶的警察。日方调动了上千人的武装前来镇压，中国劳工继续奋起抗争，鲜血染红了福冈山野矿。他们的反抗斗争被镇压了，但他们的斗争精神鼓舞了福冈其他中国劳工。

我所在的福冈田川三井砂川第三矿也发生了反抗斗争，但反抗的方式只是逃跑。身处异国他乡，又能往哪儿跑呢？一天，我刚走到寝室门前，就听见木村扯着嗓子大喊：“全体集合！”人们跑到广场上，按班组站好。这时我发现，广场上跪着四个血淋淋的人。谷本走上来，“叽里呱啦”地对着众人一阵怪叫。

木村翻译说：“这几个人良心地没有，竟敢逃跑，五六天不上班，严重违犯了我们的规定，必须对他们进行严厉的惩罚……”

接着，小原等人走上去，抡着皮鞭对四个人进行毒打，片刻工夫，就有两个人晕死过去。小原让人用冷水把他们泼醒，继续毒打。有一个人当场被打死，剩下的三个人被罚跪，不给饭吃，从早晨跪到晚上，夜里又被关进木笼。我认识其中的赵广钱，他是个愣头愣脑的小伙子，平时不爱说话，但心里有数。我看他脸色不错，说明跑到外面不会挨饿，也能生存，于是就寻找逃跑的机会。

机会终于来了。一天晚上，趁着日本工头没有注意，我随着二十多个劳工一起逃出了劳工所。以前也有逃跑的，但都是单个逃跑，最后都被抓了回来。这次集体逃跑，对日本人触动很大。

第二天，日本出动大批警察，带着警犬搜捕逃跑的劳工。劳工们陆陆续续被抓了回去。我和大伙跑散了，迷失了方向，一直往前跑，也不知道跑了多远，确信不会有人再追过来，才停下脚步。这时的我已经累成一堆软泥了，肚子饿得要命，两只眼睛说什么也睁不开，于是就躺在地上呼呼睡着了。醒来时，已是下午。睡了一觉，我有了精神，但腿却软得没劲，肚子里感到很饿。

“得想法弄些吃的。”我开始在山林里寻找食物。翻过一道矮岗，见前面有座寺庙，我心中一阵兴奋，有人的地方就能找到吃的。我围着寺庙转了一圈，没见有人，却发现了一个大垃圾堆，上面扔了很多橘子皮，于是我一一拾起来，在衣服上擦了擦，又捡了几片菜叶，就着吃下去，肚子算是不饿了。

白天寻找食物时，我看到不远处有三片菜地，每片席子大小，一片种的是萝卜，另外两片种的是青菜。夜幕降临时，我提了提精神，壮了壮胆，借着微弱的月光，向四周看了看，确信没有人，便悄悄地摸进菜地，拔了几个萝卜和一些青菜，用衣服包着，扛在肩上就跑。我跑到一个离菜地比较远的地方躲藏起来。我看着那些菜，觉得自己有点心狠，心想，第二天菜地的主人发现了，一定会大骂不休，但没有心思去管这些，只有先吃饱肚子才能跑得快。我放开肚皮使劲吃，美美地饱餐一顿。这是我到日本后吃的第一顿饱饭。

天越来越黑，一弯残月挂在天边，透过浓密的松林，洒下几缕斑驳的光。远处开山的炮声早已停歇，四周一片寂静，只有几只叫不上名字的鸟掠过头顶，落到枝头，不时"呱呱"地叫上几声，树影像是一群张牙舞爪的恶鬼，阴森可怕。

我在这个地方转悠了两天，地形也熟悉了。累了，就靠着树干睡一会儿；饿了，就摘野果子充饥。到了第三天快黑时，我被两个日本警察发现了。两个警察带着两条警犬，看见我就放开警犬追。看见警犬追来，我拼命地跑。山上树多，我跑不快，衣服被刮烂了，但警犬也跑不快，只差几步，就是追不上我。

这次逃跑前我做好了准备，逃不出去就罢了，如果逃出去了，就是死也不能让日本人抓回去。我很快跑到了悬崖边，看到警犬和警察就要追上自己了，一咬牙，一狠心，纵身跳进了海里。警察赶到悬崖边，看着波涛汹涌的大海，面面相觑，无可奈何地摇摇头，牵着警犬走了。

日本母女救了我

跳进大海里的我，很快就浮出了水面。我是在河边长大的，从小就学会了游泳。北齐同村有一条沟叫木刀沟（今磁河），夏天发大水时，河水滔滔，滚滚东流。铁路边有个东阳村，村头有座铁路桥，桥旁边有几个土坑，河水过后，大坑里会存下一些水。我和村里的小伙伴们常在坑里洗澡游泳。

我跳海时就看到东北方向有岸，因此拼命地朝着东北方向游，衣服被刮烂了，身体被刮破了，经带盐的海水一浸，刀割般的疼。

我从天快黑时跳进海里，一直游到半夜，浑身一点力气也没有了，就改变方式仰泳，因为仰泳不咋费力气。我让身体始终保持着不沉下去的状态，游着，游着，慢慢失去了知觉。

昏迷中，我回到了家，躺在温暖的炕上，母亲端着碗，一口一口地喂我面汤。家里的面汤真好喝，我一口气喝了三碗。每喝完一碗，母亲就把碗递给旁边一个年轻女子。年轻的女子接过碗，就再盛一碗面汤端过来。我虽然没有看见那个年轻女子的脸，看背影，知道是自己的童养媳六六姐。六六姐是按照老家的风俗打扮的，头发盘在后脑勺下，上面套了个丝网。

我曾好奇地问过六六姐："六六姐，我看别的女人都插一个簪子，你怎么不插簪子啊？"

六六姐说："弟弟，在咱老家当闺女时留辫子，成了亲就要盘头，等将来有了儿子，做了婆婆，才能插簪子。你看咱娘，现在不是插上簪子了吗？”

我听了说：“六六姐，我一定要让你插簪子。”

六六姐搂着我说：“好！好！我等着你给我插簪子。”

见六六姐一直没有看向我，我伸手就想摸她的头发。

猛然间，我听到一个陌生女子的声音：“娘，他醒了。”

我睁开眼睛一看，是两个日式打扮的女人，一个是四五十岁的中年妇女，一个是十七八岁的妙龄少女。

“我怎么在这里？”我说着就想站起来跑，这时才发现自己在被窝里光着身子没有穿衣服。

日本少女竟然会说中国话，她对我说：“先生，你不要跑，是我们救了你，这是我们家。”

我听了日本少女的话，就不再寻思着逃跑了。

日本少女说：“今天早上，天刚蒙蒙亮，舅舅驾着小船到海里打鱼，走到海边，看到了被海浪冲到沙滩上的你。他用手在你的鼻孔试了试，发现还有气，就把你扛到了我家。我和母亲脱去你的湿衣服，擦干你身上的水，把你放在了被窝里。谢天谢地，这下子好了，你终于醒过来了！”

我看少女很瘦小，还端着米粥，便说：“我恨你们日本人，你们为什么救我？”

中年妇女说：“我是个有孩子的母亲，见你还是个孩子，不管你是什么人，我得救你啊！战争是两个国家的事，是天皇的命令，我们也没有办法啊！”

男儿有泪不轻弹。此刻，我感动得泪流满面，蒙眬的泪眼中，眼前这两个日本女人的形象突然高大起来。她们和我淳朴善良的母亲一样伟大。在异国他乡，我找到了久违的母爱。

两个日本女人救了我以后，心里也害怕。这件事如果让别人知道了，警察就会找上门，说她们不爱国，是犯罪。她们住的房子是窑洞,洞前搭了个棚子。为安全起见,她们把我领出窑洞后门，走过一条小道，顺着山路向北走。大约走了有三四十米，有一个山洞，洞里面很干净，有炕、有土豆，她们就让我躲在山洞里。

日本政府为了支援前线战场，实行战时配给制，日本国内民众吃的口粮都是当天领取，家里没有余粮，早晚两顿吃粥，中午是两个米团子。母女俩每顿节省一些，送给我吃。

救我的日本少女叫“花子”，当时十七岁，比我大两岁。花子天真活泼，像一只快乐的小鸟，飞来飞去，为我送饭送水，陪我说话聊天，整天逗得我乐呵呵的。她阿妈觉得我穿的劳工服太惹眼了，而且褴褛不堪，就让我换上花子的一套学生装，没想到倒也挺合身的。

“阿妈，我有一个可爱的小弟弟了。”花子拉着我的手，上下打量着，高兴地说。

“是啊！阿杰，以后你哪里也不要去了，就当我们家庭中的一员吧。”阿妈亲热地说。

我被她们娘俩的热情所感动，慢慢也就不拘束了，好像一家人一样。“花子姐，你和阿妈怎么会说中国话呢？”在山洞的土炕上，我看花子姐兴奋地摆动着双腿，一下子把这几天的纳闷说了出来。

我的一句话刺到了花子的痛处，那如花朵般绽放的笑脸一下子阴沉下来。她叹了口气，诉说了一段辛酸的往事：

花子的爸爸是个医生，而且医德好、医术高。二十年前，他领着年轻漂亮的花子妈妈来到中国上海，在闸北区开了一家诊所，为上海居民看病抓药，在那一带口碑很好，颇受人们尊重和敬仰。后来他们有了一双聪明乖巧的儿女，小日子过得幸福甜美。

天有不测风云，人有旦夕祸福。1932 年，上海爆发了“一·二八”事变。不幸的事情发生了，灾难降临到中国人民的头上，也降临到幸福美满的花子家。

1932 年 1 月 21 日，日本驻上海领事村井借口上海三友实业社附近僧人被殴打，向上海的国民党政府提出严惩肇事者和取缔抗日民团等要求。地方政府听命于蒋介石“攘外必先安内”的秘密命令，竟于 1 月 28 日致函，完全答应日寇的无理要求。然而，日本驻沪海军司令官盐泽，仍按答复前制订的计划，于当天夜间向闸北区发动了进攻。驻沪的国民革命军第十九路军奋起抵抗，给盐泽迎头痛击，激战持续了一个多月。

在这次激战中，日本的飞机在诊所上空盘旋，一颗炸弹落下，炸塌了诊所。花子爸爸拉起她八岁的哥哥，妈妈拽着五岁的花子，一家四口冲出硝烟。不料，一颗炸弹落在爸爸和哥哥身旁，他们爷俩就这样被炸死了。妈妈和花子扑倒在血肉模糊的爸爸和哥哥的尸体上，悲痛欲绝地哭喊着。此时，飞机仍在呼啸俯冲，枪炮声还在不停地响着，情况危急，处境危险。几个善良的中国人冲上来，二话没说，抱起花子，拉起她妈妈就向外跑。“轰！轰！”炸弹不停地在他们身后炸响。是中国人救了她们娘俩。

从此，她们母女俩成了既无职业又孤独无靠的灾民。后来，当海员的舅舅将她们接回了国。这么多年，她们母女俩相依为命，苦度时光。

提起心酸的往事，花子痛苦不堪、泪流满面。

“唉！”听了花子一家的遭遇，我深深地叹了口气。不谙世事的我，好像一下子明白了许多。过去我痛恨所有的日本人，现在才明白，原来日本国民大多也是好人，也是受害者啊！我想：过去，中国人救了她们娘俩；今日，她们娘俩救了我这个中国人。中日两国人民一衣带水，本应该亲如兄弟啊！

我在山洞里一连住了十九天，十九天的朝夕相处，使我和这个异国家庭结下了深厚的友谊。母女俩把我照顾得无微不至，让我在日本度过了最快乐的时光。在我眼里，日本的花子就像中国的六六姐，花子的母亲就像给了我第二次生命的日本母亲。

日本无条件投降了

我在窑洞住到第十九天，也就是1945年的8月15日，一大早起来，左眼就一直跳。人们常说，左眼跳福，右眼跳灾。我想，自己一个在日本当苦力的穷劳工，今天会有什么好事降临呢？

中午，花子一蹦一跳地跑来了，高兴得笑成了一朵花，一进山洞就迫不及待地说："良杰，你解放了！日本天皇同意接受《波茨坦公告》，今天以广播《终战诏书》的形式，宣布日本无条件投降。你单位在哪里？我去告诉你单位，让他们派人来这里接你。"

这消息来得太突然了，我简直不敢相信自己的耳朵，惊奇地问道："花子，你说的全是真的？"

"千真万确！"花子认真地说。

我急忙将单位地址告诉了花子。

1945年8月15日正午，东京电台奏完国歌后，传出了裕仁天皇颓丧的声音，宣布了日本无条件投降。

劳工们听到这意想不到的天大喜讯，忘乎所以，一个个扔掉槲头，砸断铁锹，在广场上互相拥抱，尽情欢呼。人们早已是泪流满面，这泪水是激动的泪水、高兴的泪水、幸福的泪水。有的人禁不住扭起了秧歌，有的人唱起了地方戏。人们欢呼雀跃，使劲地拍手、使劲地高喊、使劲地歌唱。昔日的亡国奴，今天终于可以扬眉吐气了。

接管劳工们的是美国士兵。一个美国军官来到劳工们的厨房，拿出一个杂面窝头，啃了一口，随即吐了出来，同时将手里的窝头扔到地上，大声吼叫起来。他用手比画着向人们示意，伸出巴掌，跃跃欲试，意思是要日本人给换好吃的，不给就打，还自己指着自己的鼻子，说他给劳工做主。

翻译对劳工们说："你们自由了，可以随便上街，想干什么就干什么，只要不打砸抢就可以。"

煤矿上的人听说我还活着，就派几个人跟花子过来接我。

劳工们从生活费里拿出了点钱，买了米面鱼肉，送到花子家里，以表示对她一家的感谢。

劳工们自由了，首先想到的是洗澡，要洗掉身上的晦气。澡池子里用的是温泉水，泉水里有硫黄，用有硫黄的水洗澡，对人的皮肤有好处。洗过澡，我感到从未有过的轻松。

在大街上，我看到战后的日本满目疮痍，一片狼藉，人人低着头，行色匆匆，神情惶惶。每几个人中，就有一个伤员，如同战地医院一般。不时有几个美国大兵挎着枪，在大街上旁若无人地横冲直撞。

被美国兵割舍的爱

解放了的中国劳工重新改编成一个大队，赵公民被推选为大队长，下设两个中队，并组建了一个由三十名青壮年小伙子组成的中国宪兵队。日本重新派了翻译，专门给劳工们办事和负责联络。

根据一些规定，在国外的日本军官士兵和在国外的中国劳工，应当各自返回自己的祖国。时间已进入1945年11月末，中国劳工回国的日子一天天近了。在回国前夕，日本九州岛和其他有劳工的地方，都举行了对死亡劳工骨灰的公祭活动。九州岛的公祭灵场设在车站附近。灵堂上放着按编号顺序排列的死亡劳工的骨灰盒，骨灰盒后面是一排鲜花，前面摆放着成排的水草和其他祭品。在音乐声中，首先是日本负责人讲话，并向骨灰盒进行祭拜。我只能看出他们态度很严肃，并没有听懂他们在讲什么。其次是中国劳工代表赵公民读祭文，并进行祭拜仪式。赵公民来到骨灰盒前，恭恭敬敬地泼洒了三杯酒，鞠了四个躬，接着宣读祭文。读着读着，赵公民两眼淌泪，后来竟泣不成声。参加公祭仪式的二十多位中国劳工代表，也都跟着痛哭起来，就连前来看热闹的日本人也在低头掉泪，表现出他们的善良和同情心。

花子已深深地爱上了我，天天找我玩，几乎与我形影不离，有时天晚了，就住在劳工所在地。她也带我去家里玩，晚上让我在家里留宿。

我不解地问花子：“你怎么不去上学啊？”

花子愤怒地说："美国大兵到处胡打乱抢，奸淫妇女。我们学校有好几个女生被强暴了，现在女生都不敢去上学。"

我叹了一口气说："真是胜者王败者寇啊！当年不可一世的日本人，现在又遭到了美国兵的欺凌。"

一天晚上，花子走进我住的屋子，羞涩地坐在炕边不说话。平时花子见到我总是蹦蹦跳跳，高高兴兴，有说有笑，这天却是徐庶进曹营——一言不发。她坐在炕边，低着头，梳起了齐耳短发。对这一举动，我感到很纳闷，不禁问道："花子姐，你今天好像有什么心事，能说给我听听吗？"

花子抬起头，深情地看着我，郑重地说："阿弟，我有件事想跟你说。"

"说吧。"我点点头。

花子认真地说："让我跟你回中国吧！"

"啊！你要跟我回中国？"我听到这句意想不到的话，顿时愣住了。

"怎么，你不喜欢我？"花子的神情更加严肃了。

"喜欢，喜欢，特别喜欢。"花子这突然的发问把我从愣神中惊醒了，连声说，"我最喜欢花子姐了，花子姐是我的救命恩人。"

"那为什么不同意我跟你回中国啊？"

"你跟我回中国，阿妈怎么办？"

"我跟阿妈说好了，回到中国后，有机会再来接她，统统回中国。"

“你舍得自己的家乡吗？”

“我爱日本的家乡，也爱中国，而且特别爱你。”

未脱稚气的我，还没有听出“特别爱你”四个字的含义，仍然不停地往下问：“你去中国干什么？”

“上学。上完学参加工作，再就是和你成亲，做你妈妈的好儿媳妇。”

“啊！”这时我才恍然大悟，连忙说，“不行、不行！”

“为什么不行？我就是要跟你走。”花子倔强地说。

花子这句执拗的话语，可把我吓坏了。我一脸严肃，一本正经地说：“花子姐，你跟我回中国，这是万万使不得的。”

“为什么？”花子挺直脖子，微微扬起头看着我说。

我说：“一是有规定，任何人不准携带日本姑娘去中国。”

“我女扮男装混到中国劳工中跟你一块儿走。”机灵的花子眼睛一眨，说。

“使不得，万万使不得，万一被查出来事情就闹大了。二是我不能娶你，我家里有老婆，她叫六六。就是没有六六姐，我也不能娶你，娶你做老婆在我们中国人看来是不道德的，因为你是我的恩人，我一辈子都报答不了你的救命之恩！我要像亲姐姐一样敬重你。”我的一番话，义正词严、有理有据，根本就没有一点商量的余地，这让情窦初开的花子大失所望，但我重情义、知感恩，也让她更加敬重。

回到劳工所，我把花子要随自己回中国的事一说，难友们都很高兴。有人说："你有老婆，不要花子。我们没有老婆，我们要花子啊！"

大伙七嘴八舌地出主意，想办法，商量如何让花子女扮男装，躲过美国兵的检查。于是，我和王国赞等人陪花子去了理发店，把齐耳短发剪成和劳工们一样的短发。

过了1946年元旦，队长赵公民接到回国的消息，派人去搬慰问品，其中有牛肉、鱿鱼、鲜橘、啤酒、白面、饼干和罐头等等，好不丰盛。炊事员连夜蒸了很多馒头，人人备足了回国途中的干粮。临行前，劳工中的老乡街坊和脾气相投的朋友，聚集在一起喝酒庆贺。大家尽情地狂欢，猜拳声、碰杯声、欢笑声、吵闹声，响成一片，整个房子里洋溢着欢快的气氛。后来很多人都喝醉了，醉后有哭喊的、叫骂的、摔酒瓶的，乱成一团，有不少人醉后睡在凉地上。

归心似箭的劳工们终于盼到了回国的日子。启程那天，美国兵派来了大卡车。一门心思想去中国的花子，在劳工们的帮助下，穿着劳工服，女扮男装上了车。

美国兵上车检查时，发现花子脸色白净，细皮嫩肉，不像个劳工，就问花子是谁。花子不敢回答，越是不敢回答，美国兵就越怀疑，于是把花子从车上拉下来。花子不甘心，又哭又叫要往车上爬，被美国大兵抓住，动不了了。

"嘀嘀……"汽车喇叭一声长鸣，卡车启动，开上了大道。眼含泪水的花子，挣脱美国兵的手，疯了似的在后面追，一边追一边喊着我的名字："良——杰——"

劳工们也在车上挥着手，向花子告别。我心如刀绞，痛苦地大声喊道："花子姐，再见了……"

卡车一转弯，花子的身影消失了，我的声音也淹没在浩渺无迹的天空中。

1946年1月，我们从九州门司港下了汽车，登上了载着五百多名劳工的美国军舰。尽管很快就要回到祖国的怀抱了，可我就是高兴不起来，心里依然沉甸甸的，像灌了铅似的，因为我一个人就带了六个骨灰盒。去时是六个鲜活的生命，回来却变成了六个骨灰盒。同伴顾国良伤势严重，无法站立，上船下船都是大伙抬着。看着这一切，我能不感到悲哀吗？

晚年，我当了中国被掳往日本劳工联谊会会长，为了带领劳工进行对日民间索赔，我先后几次去日本打官司，托了好多日本朋友打听花子的消息，都是杳无音信。其中，有一个叫野田正彰的日本作家打来电话，说是原来的住址找到了，但是没有找到花子这个人。

没能找到自己的救命恩人花子，这是我人生一大遗憾。

被骗当了国民党兵

讲良心误上贼船

面对战俘劳工的回国，当时的国民政府将此事同遣返日本战俘和侨民一起进行了统一安排，在驻日美军的帮助下，一边往回接中国的战俘劳工，一边往日本遣送日俘日侨。鉴于从日本回来的多为青壮年，国民政府决定让这些人参加国民党军。所以，在天津塘沽港口，战俘劳工们一下船就受到国民政府组织的热烈欢迎。

欢迎队伍是国民党九十四军一二一师三六三团一营，领队的是一营的许副官。许副官有两个很明显的特征，一是个子大，二是牙长，一说话，牙齿全部露在外面。因此，人们给他起了个绰号，叫许大牙。许大牙把五百多名劳工集合在码头上，说："现在国内还很混乱，天下不太平，有土匪。"

讲到有土匪时，他停顿了一下，紧接着加重了语气说："有土匪，还有土八路，你们要想回家，得先办好手续，没有手续，你们是走不了的。"

五百多名战俘劳工听了许大牙的话，乖乖地跟着他上了汽车。汽车把劳工们拉到原来的北洋大学。在操场上，许大牙讲话说："凡是年轻人站出来。这个地方小，有点拥挤，但这里暖和，让老人们住。我给你们另外找了一个地方。"

他让劳工们排好队，开始挑人，挑了三四十人，坐上一辆汽车拉走了。我虽然年龄有点小，但个头高，将近一米八，也被许大牙当年轻人挑走了。汽车把我们拉到一个日本人关押中国人的监狱，日本投降后，这里成了国民党的新兵营。

新兵营的墙很高，上面还有电网，大门经常锁着，门两旁有士兵站岗。高墙上留有小孔，墙外的一些小商贩可以通过小孔卖东西。

战俘劳工们来到新兵营，要做的第一件事是脱下从日本回来时的衣服。回国前，美国士兵命令日本工头给战俘劳工们发了点儿路费。劳工们用这点钱买了些衣服，穿回了国内。对于我们脱下的衣服，国民党士兵你争我抢地挑了些好的拿走了，就连剩下的衣服也没有再发给我们。他们的做法，让我们对这支部队有了不好的看法。

从日本回来，谁不想回家看看？然而，我们的愿望未能实现，一点商量的余地也没有，就直接成了国民党的兵。战俘劳工们不想当兵，因为当兵就得打仗，打仗就会死人，刚出虎口，又入狼穴。人们情绪低落，夜里就有人开始想办法逃跑。

思念家乡、思念亲人的我也想逃跑。在日本当劳工时，有个叫王国赞的对我说：“你家是河北新乐县，俺家是河北临漳县，咱们是老乡。况且，你老家河南内黄县和临漳县挨着，从哪里说都是老乡。”

还有一个叫李国臣的对我说：“我是淇县人，你是内黄人，咱两个县相距不远，是老乡。”

就因为是老乡，我们三人在异国他乡结下了很深的情义。夜里，王国赞对我和李国臣说：“兄弟呀，咱们也得逃跑啊！我都侦察好了，明天夜里一点，咱们到西北角集合。你们踩着我的肩膀上墙，上墙时拿一根木棍，把电网撬开，电网上没有电。”

我和李国臣都点头同意了。然而，第二天白天发生的一件事，让他们的逃跑计划落空了。这件事还是从我身上引起的。

第二天吃过早饭，许大牙让战俘劳工们集合。前几天，一直是许大牙和战俘劳工们接触、讲话，这天讲话的不是许大牙，而是一二一师三六三团副团长黄燮南。黄燮南讲着讲着就开始激动了，讲到国军打跑日本鬼子时，拍着自己的胸膛说：“你们不安心当兵，还逃跑呢！不是国军打跑日本鬼子，你们劳工能回国吗？现在国军要你们当兵剿匪，你们却想逃跑，有良心吗？”

“有良心吗？”这句话，黄燮南一连重复了三遍。

我虽然年纪小，但知道做人要讲良心。在家的时候，父母经常教育我，做人要有良心，没有良心就不是人。

听了黄燮南的讲话，我深受感动。为了报答国军打跑日本鬼子，使我们能够回到祖国的恩情，心直口快的我把手高高举了起来："报告团长，我有良心，不跑了，跟着你们当兵。"

黄燮南一看我这个年轻人举手要当兵，就对我说："你到台上来。"

我来到台上，黄燮南拍着我的肩膀说："你叫什么名字？"

我说："我叫李良杰。"

黄燮南说："大家都要向李良杰学习，做人要有良心，不能逃跑，要好好当兵。"

战俘劳工们听了黄燮南的蛊惑，受了我的感染，当场有很多人表了态，说不逃跑了，要好好当兵。就这样，我们几人合谋逃跑的计划落空了。

当时，整个新兵营由于受我的影响，至少有五六十人没有逃跑。这些人除了战死的，其余的后来许多被国民党军队枪杀了。一提起这件事我就感到内疚、自责，这是我一生中犯的最大错误。

后来，我听说，在塘沽下船时，走在后面的赵公民见欢迎他们的是国民党兵，感觉不妙，急中生智，装作自己残废了一条腿，于是没有让他去当兵。赵公民想给几个要好的伙伴提个醒，但一直没有机会。

拾粪老人被打致死

新兵训练结束后，我被编入三六三团一营二连一排二班，当了个三等兵，成了正式的国民党士兵。这支部队来自四川峨眉一带，是蒋介石的嫡系部队，清一色的美式装备。之前的抢衣服事件，曾让我在心中对国民党军打了个小小问号。后来发生的事，更使我对国民党军的看法发生了根本转变，怀疑自己走错了路，投错了门。

日本投降后，蒋介石派兵占领了一些大城市，如北平、天津，同时还占领了一些中小城市。中国共产党和国民党在重庆谈判后，蒋介石单方面撕毁协议，坚持要打内战。我所属的九十四军驻守天津，1946年秋，九十四军一二一师奉命到河北保定一带搜捕八路军。

从天津出发时，一二一师三六三团一营为前哨营。营长郑伦，三十多岁，中等个头，骑着一匹大黄马，威风凛凛，随着队伍跑了过来。他一边扬鞭策马，一边操着浓重的四川口音骂骂咧咧地呵斥士兵："你们龟儿子，没有吃饭吗？快走，天黑之前必须赶到徐水！"

这是加入国民党军后第一次行军打仗。我虽然年龄小，但个子不算低，长得高挑健壮，白白净净，走起路来挺胸抬头，精神抖擞，心气很盛。骑在马上的郑伦发现了我，刚才还骂骂咧咧，突然又显现出欣喜随和的表情。他用马鞭指着我，笑眯眯地说："小鬼，你叫什么名字？"

"报告营长，我叫李良杰！"说着，我走出队列，"啪"的一声来了个立正敬礼。

“你是几连的？”

“二连一排二班。”

“你马上到营部报道！”

“是。”我又来了个立正敬礼。

我来到营部，被分配到对空联络班，任务是负责联络飞机。联络飞机用的是暗号，我不懂。班长姓王，有点文化。他让人把26个英文字母做成长三米、宽半余米的布条，联络时，把字母摆在地上，布条的四个角有孔，从孔里把布条固定在地上，飞机上的人看到，就知道怎么回事了。

当时是秋收以后，田野里一望无际，毫无遮拦。一个师的兵力摆开，像一条长龙，前面望不见队伍的头，后面看不到队伍的尾，一路上坦克、大炮开道，天上有飞机盘旋，齐头并进，浩浩荡荡，狼烟滚滚，好不威风。国民党部队经过的县城、大集镇还有一些人；一般的小村庄，别说找八路军，就连老百姓也都跑得无影无踪。

一天，部队行军作战，来到一个村庄，营长郑伦从望远镜里发现了一个人，就对许大牙说：“许副官，派人把前面的那个人抓来。”

许大牙急忙派了两个兵把人抓了过来，一看是个六十多岁的拾粪老头，肩上还扛着个粪箩头。许大牙走上去，一脚把粪箩头踢翻，把老头拖进一个院子。郑伦坐在勤务兵搬来的凳子上，开始审问拾粪老头。他恶狠狠地问道：“老头，八路军藏在哪儿？”

老头说：“不知道！”

郑伦又问："八路军到底去哪里了？"

老头又说："不知道！"

郑伦提高嗓门说："你敢再说不知道！"

老头说："长官，我真的不知道八路军在哪里啊！"

郑伦向许大牙使了个眼色。许大牙二话没说，从后面一脚就把拾粪老头踹倒了，并让士兵拿棍子狠狠地打。

可怜的老头哀求说："长官，你们就是把我打死，我也不知道八路军在哪里啊！"

许大牙让人停下棍子，用绳子绾了个绳套，套在老头脚脖子上，把棍子伸进绳套里往下压，压得老头大汗淋漓，嘴里一直"哎呀、哎呀"地叫个不停，那声音撕心裂肺。一连压了三次，"哎呀"的声音停止了，老头昏了过去。郑伦松开绳套，让人把老头挂在炮车上拉走了。

当时，我在营部当通信兵，目睹了这一切。对郑伦、许大牙的做法，我恨得咬牙切齿，心中怒火直往上冒，心想：国民党为什么这样对待老百姓？这和日本鬼子有什么区别？我几次想站出来，都被在一旁的副营长梅崇武按住了。梅崇武轻轻地说："小兄弟，你不能冲动。"

部队停下来时，我找到拉老头回来的炮兵车，向一个炮兵问老头的情况。那个炮兵告诉我，没有到住的地方，老头就死了，尸体也不知道扔到什么地方去了。我听了，心里酸楚，自言自语地说："这算什么部队？"

腐化堕落的国军

一天，正在河北扫荡的国民党一二一师突然接到命令，要求火速返回天津，说是军长牟廷芳要来部队检阅。为迎接军长检阅，全师立即开始了紧急训练，一直忙活了七八天。这天中午，全师官兵集合在一个大广场上，整整等了六个多小时，才看见一辆小吉普车出现在面前。士兵们早已站得腰酸腿痛，忍受不了了，都暗暗庆幸地喊着："来了，来了！"

站在队伍前面的我看得一清二楚，从吉普车里钻出来的是师长朱敬民。他身着将军服，领章上的少将军衔闪闪发光，胸前挂着一枚红勋章。他向部队扫视了几眼，便无所事事地走来走去，看样子也很焦急。他走走停停，不时向大门口望一眼。

又过了一个多小时，军长牟廷芳和几个军部大员终于出现了。朱敬民对着扩音器向部队喊了声："立正！"然后他跑步上去，"啪"的一声来了个立正敬礼："报告军长，请您检阅！"

牟廷芳个子不高，长得肥头肥脑，有一只眼瞎了，人送外号"牟瞎子"。他站在一辆敞篷车上，微微扬了扬手臂，扭着臃肿的身体，用独眼扫视了一下他这一支"威猛之师"，检阅就草草结束了。

军长一二十分钟的检阅，使全师上下一连忙活了七八天，又让大家站了八个多小时，可把人们折腾坏了，别说士兵，就连当官的都受不了了。

郑伦累得气喘吁吁，头昏眼花地回到营部，将帽子摔到桌子上，解下武装带，骂道："龟儿子，真背时，焦头烂额地训练了七八天，今天天不亮就集合，让老子整整站了大半天，还不如坐禁闭哩！"

这时，勤务兵给他端来洗脸水，接着又摆好饭菜。郑伦抹了一把脸，然后由天津来的两个妖艳的女子陪着吃饭。饭后，郑伦旁若无人地和两个女子打情骂俏，动起了手脚。正玩到兴头上，许大牙轻手轻脚地走了进来，在郑伦耳边低声说："营长，夫人带着女儿找你来了。"

"龟儿子！"郑伦忽地站起来，看了两个女子一眼，把许大牙叫到屋外，小声说，"去，对她说老子从来没有结过婚，把她们轰走，轰得越远越好，不准再来！"

"是！"许大牙来到营部门口。郑伦妻子领着两个孩子，一个女孩约十二三岁，还有一个男孩约十岁，穿得破破烂烂，如同三个乞丐。

许大牙走上去，铁着脸对着郑伦妻子吼道："营长说了，他根本就没有结过婚，你们是冒充的，赶快离开！这里是军营。"

女孩哭喊道："许叔叔，我是蕊蕾呀。你不认识我了，在四川你不是经常去我们家吗？你还吃过俺娘给你做的饭呢！"

"他妈的，去、去、去！"许大牙不耐烦地说着，转脸命令营部门口士兵，"把她们给我赶走，不走就打！"

母女仨从四川千里迢迢来寻亲，没想到郑伦喜新厌旧，如此绝情绝义。

郑伦老婆绝望地哭喊着："郑伦！你这个陈世美、畜生、没有人性的东西！你不认我不要紧，怎么连亲生女儿都不认啊？当初要不是你死皮赖脸地求我，让我爹收留你，你会有今天吗？现在我爹死了，用不着我们了，就把我们甩了。你这个忘恩负义的白眼狼，不得好死，早晚会遭报应的！"

士兵们走上前，用枪托推搡着又哭又喊的母女，把她们轰出了营区。

正在营部的我，一听说此事，心里的火腾的一下就起来了，急忙到门口看个究竟。见了这情况，看这母女三人哭哭啼啼地要被赶走了，我将手伸进内衣口袋里，把积攒几年、准备探家用的几十元路费掏了出来，塞到了郑伦妻子手里："大婶，事情既然已经到这个地步了，想开些。这些钱拿去做路费，回四川老家吧。这里兵荒马乱，不能久留。"

"谢谢恩人。"说着母女三人就要下跪，我急忙将她们搀住了。

母女三人一步一回首，深情地看了看我，慢慢消失在大街拐弯处。

经过牟廷芳检阅之后，一二一师这支部队更加耀武扬威、神气活现。特别是那些将校们，飞扬跋扈，傲慢得不可一世。部队从天津出发时，朱敬民为了抖威风，故意不坐车，和几名副团长一块儿骑着高头大马，走在队伍最前面。他的大白马居中当先，恰似众星捧月，让街两旁看热闹的市民目睹他们的神气和威风。

一二一师倾巢出动，气势汹汹，兵分三路向八路军活动频繁的保定西边的满城、徐水、唐县一带开进。

八路军的游击战让国民党军屡屡失利，尤其是夜晚偷袭，更是让他们防不胜防，等国民党的部队发觉，准备出击时，八路军早跑得无影无踪。

国民党的部队在一个地方驻扎后，为防止八路军偷袭，要清除一切障碍。除了他们住的房子，其他房子都扒掉，树也要锯掉拉到远处，然后就挖防御工事。营长、连长可以睡觉，由排长值班，士兵们挖战壕，每天都是这样。士兵们吃不消，敢怒不敢言，想跑不敢跑，如果跑了被抓回来，二话不说就是枪毙。

国军路过每个村庄，不管住不住，都派人去村里搜查，翻箱倒柜，什么东西都要。如果看到猪羊，就像捡了个金元宝似的，高兴得不得了。为了一头猪，两个连队火拼，最后官司打到营长那里，营长让两个连队二一添作五分了。他们抓鸡吃，鸡吓得都不敢在窝里卧着，而是卧在树上。就是逃到树上，要是被国军士兵看见了，也不放过，举枪就打，反正有的是子弹。

我枪毙了郑营长

1947 年 10 月，中国共产党领导的解放军在保定北面与国民党军进行拉锯战，我所在的国民党军队奉命向河北省涞水县进发。一天夜里，两军接上了火。枪一响，解放军还没怎么打，国民党军内部就乱了，一营的五百人跑了两百多。国民党军队里有军统特务，向上边汇报说是从日本回来的战俘劳工带的头。国民党军抓住了十八个逃跑的士兵，大多是从日本回来的战俘劳工，也有个别同情战俘劳工的士兵。郑伦不做调查、不问原因，让部下把这十八个逃跑的士兵带到树林里，绑在树上，命令两百多名士兵打活靶，一直打了十几分钟。

当时我已调到国民党军师部当勤务兵，听到消息，急忙找了一个从日本回来的难友跑到那片小树林。十八个人已被打得面目全非，浑身上下都是枪眼，鲜血流了一地。

我和难友从树上解下被打死的士兵，其中有王国赞、李国臣、廖玉春等人。我们费了很大力气把死难者抬到一个大坑里简单掩埋了。把他们埋了后，我想哭都哭不出泪来。王国赞、李国臣是我的老乡，在日本当劳工时，都是有恩于我的人。廖玉春是广东人，当时是军队里一营二连一排二班的班长。在国民党军当新兵时，我被分到他那个班，廖玉春像大哥一样照顾我。

我感恩王国赞、李国臣、廖玉春，认为他们都是好人。自己的恩人都死了，活着还有什么意思？还有什么滋味？越想越气愤，我动了报仇的念头。我决心除掉荒淫无耻、作恶多端的郑伦，为恩人们报仇。

郑伦道德败坏、脾气暴躁，一身土匪习气，对士兵张口就骂，抬手就打。我对他恨之入骨，且一直自责，后悔在天津新兵营时由于感情冲动说了那句话。正是我那句讲良心的话害了大家啊！

那天晚上，我故意没回师部，一门心思想着如何把郑伦杀掉。我从师部去营部时，带着一把左轮手枪，这枪还是郑伦送给我的。我到营部对空联络班不久，就升为班长了，郑伦给我配了一把左轮手枪。我要用这把手枪打死郑伦，让他自作自受。

傍晚，我先摸清了郑伦的住处，那天，郑伦住在一个地主家南屋西头的夹道里面，通信兵住在西屋，正屋也住着一些人。

等到夜里 11 点，我蹑手蹑脚来到郑伦住的屋门口，门被反锁着。听到郑伦在屋里正和两个女人调情，我怒火冲天，使尽全身力气，一脚就把门踹开了。只见郑伦嘴里正咬着块糖，要其中的一个女人用嘴接。看着这个与女人厮混的仇人，我对着郑伦的头部、胸口连开四枪，郑伦立刻倒在了血泊中，两个女人吓得昏倒在炕上。我打开后门，就往后院跑，跑到墙根下面，手搭墙头，纵身一跃，跳了过去。

我蹲下喘了口气，准备逃跑，却忽然想道：我这样跑了，他们找不着枪杀郑伦的人，再诬陷别人怎么办？那还不得再枪毙一些人啊！不能跑，好汉做事好汉当。找到我就罢了，如果他们找不着我，去诬陷别人，我应该挺身站出来，任他们处置。想到这里，我拿定了不跑的主意，又回到西屋，和衣躺下。

天刚蒙蒙亮，还不到起床的时间，营里的通信员来到西屋说：“李班长，梅营长叫你过去。”

我虽然已经不在营里当班长了，但是营里的通信员还是叫我李班长。我随通信员来到梅营长的屋里。梅营长见到我，一脸严肃地说："李良杰，你胆子不小啊！"

说完这句话，梅营长命令我道："你现在马上走，一分钟也不能停留，到保定给我家属送封信。"说完，他从兜里掏出三块大洋给了我。

我接过三块大洋就出发了。

到了保定城，我犯愁了，心里想：梅营长让我给他家属送信，他既没有给信，也没有说地址，我自己也没问，我咋这么莽撞？转念一想，我才恍然大悟：原来梅营长是让我逃命啊！

梅营长叫梅崇武，是湖北人，当时四十岁左右，是他救了我一命。为报答救命之恩，1949年后，我托了很多人打听他的消息，却一直没有打听到。这件事也给我留下终生的遗憾。

后来听说，我走后，营里炸了锅似的传开了，说郑伦这个坏营长让李良杰杀了。我想："既然都知道是我杀的，就不会牵连别人了。"我也就放心地离开了。

巧遇老乡郭斌喜

逃出了火炕，了却了心愿，下一步去哪里呢？

我想：从日本回来还没有回家。父母还好吗？弟弟、妹妹是否长高了、懂事了？六六姐是否长得更漂亮了？家里的情况我一无所知。保定离家不远，干脆先回家看看再说吧。

于是，我从保定向南，朝着出生地新乐的方向走去，往南走了二三十公里路，到了望都县就不能走了。原来杨成武、杨得志领导的晋察冀野战军在清风店布置了个伏击圈，把国民党军罗历戎率领的第三军军部和一个师包围在那里，双方正在进行激战。

家是不能回了，往哪里去啊？我忽然想起在日本当劳工时，有个难友是北平通县的，叫赵新，干脆去投奔赵新吧。在望都火车站，我看到有往北平拉煤的火车，就决定扒上煤车。有一辆拉煤车正在挂钩，我扒上煤车，躲到了车厢的角落。到了天快黑的时候，火车停了下来。我跳下煤车一打听，才知道已到了丰台南面的长辛店站，火车到这里就不走了。这里离北平通县还有很远一段路，我打算再等等开往北平的火车，于是站在铁道边等车。

当时正值深秋，夜幕降临，晚风吹在身上，我感到微微有点凉意。

无巧不成书。这时顺着铁路走过来一个人，手里提着个饭盒，看着像是车站里的工人。那人走过来，看见寒风中站着一个国军士兵，随口问道："你这个小老总，在这里站着等什么啊？"

我说："我在这里等火车去北平。"

那个人说："这个时候哪里还有去北平的火车啊！小老总，你是哪里人啊！"

我说："我是河北新乐县的。"

那个人说："我也是河北新乐县的，咱们是老乡啊！你是新乐县哪个地方的人啊？”

我说：“东长寿镇北齐同村的。”

那个人惊奇地说：“啊？怎么这么巧！我也是东长寿镇北齐同村的，咱们是街坊。我姓郭，叫郭斌喜，你叫什么名字啊？”

我感到喜出望外，急忙说：“我大名叫李良杰，村里的人都喊我的小名，叫我闹小，也有人叫我土娃。”

郭斌喜说：“哦，你就是李掌柜家的那个土娃啊！我知道，你比我小，按街坊论辈你是我兄弟，别在这儿站着了，天冷，跟我回家说话吧。”

郭斌喜家住北齐同村东头，是富家子弟。我家在村西头的北边住，那里大多是穷苦人家。北齐同村两大姓，一姓李，一姓郭。郭斌喜家里有钱，上过私塾。当时穷孩子和富孩子爱打架，富孩子打不过穷孩子，于是见了穷孩子就赶紧躲。我是穷人家的孩子，又小郭斌喜几岁，和郭斌喜不认识，但郭斌喜知道我们村里有个卖菜的，大家都喊他李掌柜；李掌柜家有个孩子叫闹小，也叫土娃。

郭斌喜是个修火车的，住的是工人宿舍，一间房，地方狭小。一进门靠东墙铺着一张床，靠南墙放着一张桌子，桌子是特制的，有一尺二三寸见方，比一般的桌子小得多。椅子也是特制的，吃饭时，放下桌椅，饭后再收起来。他还在房间外面生了个炉子做饭用。

郭斌喜进屋就向老婆介绍了我的情况。郭斌喜的老婆叫刘喜云，她看着我说：“兄弟，一晃几年你变了不少啊！在家时你没有这么高，也没有这么俊。”刘喜云说她在家时见过我。

街坊相认，格外亲热。刘喜云赶紧张罗做饭。那顿饭吃的是蒸馒头、炖菜。我逃出来，在保定车站吃了几个干烧饼，一直没有进汤水，早已饿得饥肠辘辘，加上见了街坊心情好，感觉那顿饭特别香甜好吃。

吃过饭，郭斌喜说："良杰兄弟，今天你就凑合着先在这里住一夜吧。"

说完，他就让刘喜云整理床铺。一间房这么小，往哪里睡呀？穷人有穷人的办法，客人来了怎么住早有准备。他们在床边加了一块木板，用合页连着，来了客人，把木板支起来，木板下面有腿，是活动的，再把床上的铺垫展开，床就宽了。郭斌喜让我睡里面，刘喜云睡外面，他睡中间。

我不能带你私奔

我在郭斌喜家住到第三天上午，意想不到的事情发生了。郭斌喜上班刚走不久，刘喜云突然一把抱住我说："兄弟，你救救我吧！我不能和你哥在一起了，不然他非打死我不可。"说完她就拉开裤腿让我看腿上青一块紫一块的伤痕，又说身上其他地方也是伤痕累累。

我吃惊地问道："嫂子，你们过得好好的，我哥为啥打你？"

刘喜云含着眼泪说："俗话说，不孝有三，无后为大。我和他成亲都好几年了，一直没有孩子。他兄妹五个，他是老小，上面四个都是姐姐，他是单根独苗。我不会生孩子，就不能传宗接代，他们郭家就会绝后。他经常骂我是不会下蛋的母鸡，还玩命地打我。他休了我，我认了；如果不休我，我也不跑，会被他活活打死的。"说着，她不禁放声哭了起来。

我同情地说："嫂子，你好好跟我哥说说，找个医生看看到底是怎么回事。你让我带你走，那是万万不行的。斌喜哥那样热情地招待我，我却把他老婆拐跑了，那不是恩将仇报吗？那样太不仗义、太没有良心了，以后你还让我怎么做人啊！况且我家里也有老婆。"

我不能在这里待了，想早点离开这个是非之地。晚上，我对郭斌喜说："哥，明天我就要走了，我得抓紧去北平通县找份工作。"

郭斌喜说："好吧，我正想跟你说，我在北平丰台站给你找了一份工作，看仓库，工作不累，又不打仗，明天我就带你去。"

第二天，郭斌喜找出自己的大衫、礼帽，让我换上，在一家照相馆照了一张照片。照片洗出来后，我给了郭斌喜两张，自己留了两张，还有底片。在后来的日子里，由于经常来回奔波，我不慎把照片和底片弄丢了。现在家里保存的这张戴礼帽、穿大衫的照片，是后来刘喜云寄给我的。说起这张照片，还牵出一段情缘呢！

1992年，我的三个闺女和两个儿子都事业有成，于是我就把家里的事全撂给了孩子，自己在家里退休了，每天看看报、读读书、听听广播，回忆一些事。由于时间比较充裕，我回了一趟出生地——河北省新乐县东长寿镇北齐同村，看望了一下童年时的伙伴，又特意打听了一下郭斌喜家里的事情。郭斌喜家没有人在村子里住了，村里人也不知道他家的情况。我又跑到刘喜云的娘家问情况。刘喜云娘家的侄子告诉我，他姑姑现在在乌鲁木齐住，并给了电话号码。

电话一拨就通了，我一报姓名，电话那头的刘喜云就哭了。40多年相互没有音信，她告诉我说："你走后半年我就怀孕了，生了个儿子。我一共生了三个儿子，孩子都很争气，事业有成。郭斌喜已经去世了，我现在和小儿子在一起住。"

听到刘喜云的声音，我也不知说什么好，只是关心地问道："嫂子，你生活好吗？身体好吗？"

刘喜云说："生活挺好的，就是身体不大好。郭斌喜走后我一个人感到孤独，失眠多梦。前些天没事翻照片，还翻出你的照片呢！"

我听了感动地说："我那张照片丢了。我去看你吧？"

刘喜云说："现在天冷，明年春天暖和了来吧，我先把照片给你寄去。"

我很快就收到了这张照片。第二年春天，还没有等到我去乌鲁木齐，就传来刘喜云病逝的噩耗。我们想见一面的心愿终未了却。

再次穿上国军装

1946年冬，在郭斌喜的帮助下，我在国民党军的丰台仓库找了个临时工。原先说的是看守仓库，实际上并没有让我守仓库。这个仓库是半军事化性质的，大门口挂着国民党某部仓库的牌子，门口也有国民党士兵站岗，但我们一帮人并没有换国民党军装，穿的都是便衣。仓库的领导看我年轻、勤快、干活麻利，就对我说："你以后不要看守仓库了，负责查电话外线吧。"

当时的电话线是两根线，有时候打不通电话，不是电话线断了，就是并线了，并线就是两根电话线缠在一起了。是不是并线，一摇电话机就知道了，如果电话机一摇，感觉比平时沉，那就是并线了。并线的问题很好解决：扛一个长杆子，查到哪里的电话线在一起连着，用长杆子把电话线挑开，就可以了。刚开始接触电话机和电话线，我感到很新奇，只是两根铁丝，居然能把声音传来传去。每天除了定时查线外，一有空我就向老师傅学习，不仅学会了修理电话机，还学了一些电灯方面的知识。

我所在的电话班除了守着电话总机值班，维护仓库内的电话线路，还要维修丰台仓库到市内国民党团部的电话线。国民党的团部驻所在北京火车站附近的小羊毛胡同，为了工作方便，在永定门火车站二郎庙小学设了一个查线点，经常一人值班，由电话班轮换值班，一个人一次值班一个月。我曾几次被派到那儿值班。

二郎庙附近是一片大粪场，周围住的都是环卫工人，他们从市区掏出茅粪，运到这里摊开晒干，再卖给乡下种地的农民。这里是城市边沿，掏粪工大都是城市贫民，家中虽然也安有电灯，但因线路老化，经常出故障。我是穷人出身，和穷人有共同的感情、共同的语言，工作之余，晚上没事，我们经常在一起聊天。每当刮风下雨，电灯线断了，我就冒着风雨上电线杆给他们接线修灯。他们说："你这个老总真好！"实际上我只有十六岁。他们每当包饺子做好饭，总请我去吃，有时也帮我缝缝补补。每当我交班离去，他们都惦记着问："下次什么时候再来值班？"我把帮助别人当作乐趣，别人也把我当成要好的朋友。

随着国内形势的变化，仓库门口的牌子换成了"北平国民监护团"，仓库负责人成了监护团团长。就这样，阴差阳错我又成了国民党士兵。

监护团有个警卫排，警卫排下设电话班。电话班第一任班长叫郑投恩，是张家口人。一天，郑投恩请假外出，从此以后再也没有回来，也不知道是失踪了，还是跑回老家了。于是，我接任了这个电话班的班长。

班里有个叫牛永胜的士兵，是当地人。他进监护团的目的是躲兵役。那时候，一个年轻人如果整天在大街上晃来晃去，说不定什么时候就会被国民党抓了壮丁，而进了监护团，在家门口干事，有了护身符，就不怕被抓壮丁了。牛永胜的家里人开了个店，在丰台车站卖猪肉、卖熟食，家庭生活比较宽裕。热情好客的牛永胜经常请电话班里的一帮朋友到他家里吃饭。

电话班里有个老兵叫赵联碧，是山西人。他的工作任务是看守总机。他既会做饭，又会种地。为了让大家吃得好一点，生活能有所改善，他提议喂一些鸡、羊、猪。监护团的院子很大，有很多空闲地，地上长满了草，适合养羊；草丛里有虫子，可以喂鸡；伙房里的剩饭剩菜又可以喂猪，这为我们养羊、养鸡、养猪提供了便利条件。于是，我们在工作之余搞起了养殖业，后来规模逐渐扩大，竟养了两头猪、五六只羊和几百只鸡。当时电话班有八九个人，警卫排有十几个人，鸡、羊长成个儿了之后，除了杀鸡宰羊大饱口福外，多余的就卖给牛永胜家，大家还能分些钱花。

我在牛永胜家吃的第一顿饭是油炸年糕。牛永胜的老婆把年糕切成块，在油里炸好，放进盘子里，端上桌子，桌子上还放着白糖碟子。我们就蘸着白糖吃油炸年糕，既香又甜。这是我第一次吃年糕，也是归国后第一次感受家庭的温暖。

吃饭中间，牛永胜的老婆同我开玩笑说："我这兄弟，高高的个儿，大大的眼，既英俊，又帅气，将来一定能找个好媳妇。"

接着她又一本正经地说："兄弟，看你这年纪，还没有娶老婆吧？我们这里出美女，有好几个大闺女长得仙女一般，既漂亮，又能干，我给你介绍一个吧？"

我说："嫂子，我家里有老婆，父亲给俺收养了个童养媳，十二岁我就成亲了。她叫六六，我叫顺嘴了，喊她六六姐。"

牛永胜老婆说："你都离开家四五年了，也没有个音信，说不定你那个老婆早走了。我们这里的几个大闺女随你挑，相中哪个我给你介绍哪个。”

我因为心里装着六六姐，所以一再婉言谢绝。

有一天中午，牛永胜单独请我到家里吃饭。我看见牛永胜的老婆在做菜，旁边还有一个年轻的姑娘在帮厨。

牛永胜老婆对我说：“兄弟，这个姑娘好看吗？”

我说：“好看。”

牛永胜老婆说：“人家背地里偷偷看你好几次了，给你做老婆怎么样？”

我说：“嫂子，别开玩笑了，我家里真有老婆啊！”

那姑娘姓宋，很大方，对我一见钟情，见过几次面后也都相互熟悉了。一天，我在牛永胜家又见到宋姑娘。

宋姑娘对我说：“哥，俺娘让你今天到俺家吃饭。”

我说：“谢谢你和你娘的好意，今天就不去吃饭了。”

牛永胜老婆听到后，赶紧对宋姑娘说：“宋姑娘，你先走吧！一会儿我和兄弟就去你家。”

宋姑娘走后，牛永胜的老婆连推带拉把我拽到了宋姑娘家，当着宋姑娘母亲的面一直夸我，夸了一阵子，找了个借口回家了，把我一个人丢在了那里。

宋姑娘的母亲自我介绍说：“我家是保定附近安新县的，也是乡下人。我和老伴开了个杂货铺子，没有儿子，就这一个闺女，女儿摆个烟摊，生活还算过得去。”

宋姑娘的母亲说这些话的时候，宋姑娘站在一旁一声不吭，只是抿着嘴笑。

我诚恳地说："大婶，我家里有个童养媳，在我被抓去日本之前就成亲了，五六年没联系，情况不明，我不敢随便答应你们。"

宋家母女听后没了兴致，我也感到非常尴尬，只好谢过她们，起身离去。

局势动荡不定，风云变幻莫测。解放军的炮火刚刚在辽沈的黑土地上停歇，一阵紧似一阵的炮声又在淮海平原上响起，淮海战役的硝烟还在弥漫，华北野战军和悄悄入关的东北野战军已经形成了对京津的合围之势。

监护团第二任团长姓石，是大地主出身，一次他在大会上说共产党怎样怎样不好。他说他父亲因为是财主，被村农会的人装进麻袋，用石块和棍棒活活打死。他讲得声泪俱下，让人难以判断是非。我们班的李永泰却不买他的账，他在台下悄悄地对我说："李班长，别听他这一套。共产党、解放军都是好人，他们杀的都是坏蛋。"我怕别人听见，对他不利，就没有让他再说下去。会后，私下里，我找他了解了一些共产党和解放军的情况。当时北平城传说很多，有人说解放军已经进关了，就驻扎在北平城东的通州，后面跟着红胡子（苏联人），红头发，绿眼睛，共产共妻，见人就杀。我当然不相信这些谣言，但也想尽快知道事情的真相。

国民党和国军什么样，我已耳闻目睹，有了亲身感受，但对共产党和解放军，我还没有接触过。耳听为虚，眼见为实，听说解放军对北平、天津、塘沽、张家口等城市隔而不围，我就想去亲眼看看解放军到底是什么样。一天，我在天安门东侧王府井南头走动时，见到几个拉洋车的，我问拉到通州多少钱，他们说去一趟要几元钱。我嫌贵，就想走着去。有个白胡子老头拉着车跟着我，一边走一边说："长官坐我的车吧，给钱就行。"我一个年轻人，怎忍心让一个老人拉车？于是我掏出两元钱给了他，通州却没去成。

在丰台仓库上班，我们算职员，每月挣工资，后来搞养殖，又分了点钱,手头上有了点积蓄。为了去通州看解放军,我一赌气，花了三十多元金圆券，买了一辆破洋车。车子虽旧，但可以骑。

这天我请了个假，骑自行车沿长安街向东，出了朝阳门，就是一片白地。快到通州西关时，我看见一群身穿军衣的士兵，身上穿的棉袄棉裤都洗白了，说不清是绿还是灰。除了个别人在警戒外，多数人背着枪帮老百姓干活，有的人挑粪撒粪，有的人平整土地。我下车问一旁的老百姓："这就是解放军吗？"那个老乡见我穿着国民党服装，没有戴胸章、肩章，便说："这就是解放军，对老百姓可好着呢，不仅在家里帮助担水扫地，还帮我们下地干活，同老百姓和一家人似的，跟你们国民党的兵可不一样。"我借机又找了几个老乡问了一些解放军的情况，便骑车离开了。这是我第一次亲眼见到解放军。他们不是什么红头发、绿眼睛的人，他们和普通老百姓没什么区别，他们就是老百姓的部队。

1949 年 1 月 14 日，解放军对天津发起总攻，很快，天津宣告解放。解放军向北平守军傅作义发出和平解放北平的提议。

在民族大义面前，傅作义经过反复考虑，决定接受中国共产党的提议，和平解放北平，使北平人民免除了一次兵燹之灾。一天，监护团派了一个少尉排长来到电话班，通知我们说，监护团奉命参加北平和平起义，统一改编为解放军，社会上现在很乱，大家不要乱跑，等待解放军前来接收。

不久，解放军接收了我们所在的军用仓库。我们奉命到地坛公园集中报到，正式编入中国人民解放军第四野战军第四十一军第一二一师解放团。就这样，我成了起义部队中的一员，参加了后半生忠心追随的人民军队，成了一名光荣的解放军战士。

加入人民军队

加入野战军

盼星星，盼月亮，终于盼来了共产党，驱散乌云见太阳，北平和平解放了，从此，我走上了正道，见到了光明。部队领导听说我在国军是电话班的兵，并且在天坛、前门一带管理、守护、维修过电话，于是把我编入解放团的电话班，派到故宫东配殿，维护设在那里的总机。电话班除了值班，大部分时间就是训练、教育，重点是革命传统教育，军史战史教育。我对这支部队逐渐有了了解和认识。

我所在的第四十一军，前身是东北野战军（四野）第四纵队，该纵队是由山东胶东军区地方兵团扩大编成的，被称为四野中的“铁军”。四十一军在本溪保卫战，让杜聿明见识了解放军的硬骨头；在新开岭战役全歼国民党军嫡系部队、全美式机械化装备的第五十二军第二十五师近八千余人，使国民党的“千里驹”被活生生地折断了马腿，受到毛泽东主席和中央军委的通令嘉奖；辽沈战役时在塔山进行阻击战，让十万国军寻不着生路，涌现出“塔山英雄团”“塔山守备英雄团”“白台山英雄团”“威震敌胆炮团”等光荣集体。

辽沈战役后，党中央命令四野停止休整，秘密入关。1948年11月21日发生了康庄追击战，四十一军先后歼灭俘获国军近七千余人，首先歼灭了国民党第十六军，接着又连同四十八军在怀来、八达岭一带，歼灭了国民党一〇四军。四野与华北野战军配合，控制了北京至张家口的平绥铁路，为武力夺取天津和促进北平和平解放创造了条件。

1949年1月22日，傅作义宣布和平起义。为了维护北平的社会治安，平津战役总前委命令四十一军进驻北平，担任北平警备任务。据说，把卫戍北平的任务交给四十一军，不仅是因为四十一军战功卓著，更因为它有严守纪律的光荣传统。毛泽东主席曾亲自表彰过这支军队，因为他们在锦西驻防时不吃老百姓的苹果。军长吴克华一接到命令，就掂出了这一任务的分量。政委莫文骅和军长吴克华在颐和园佛香阁及冰封的昆明湖畔对团级以上干部进行动员后，全军旋即展开长达一周的政策纪律教育。

摆在四十一军面前的首要任务是安定社会秩序。当时北平有206万人，面积700多平方公里。新旧军阀、官僚、地主、封建遗老、地痞、把头、散兵游勇、妓女、流氓遍布城中的各个角落，遗留或潜伏的国民党军、警、宪、特比较多。当年2月，北平市警备司令部贴出布告，命令国民党宪兵第十九团限期交出武器，命令一切散兵游勇前往登记处登记。由四十一军官兵组成的北平警备司令部，开始在北平街头执勤，并负责博物馆、报馆、图书馆、仓库、文物古迹和要害部门的警卫工作，进行巡逻，肃清残敌。

我加入解放军时，四十一军的军长是吴克华，政委是莫文骅，下辖一二一师、一二二师、一二三师、一五四师四个师。我所在的一二一师，师长先是蔡正国，后为左叶，政委是李丙令。

经过辽沈、平津两大战役后，这支部队十分疲惫，战士内部思想状况比较复杂。东北全境解放后，有的战士思想狭隘，一时想不通，认为家乡已经解放，不愿意再去打仗，想回家过“老婆孩子热炕头”的生活。平津战役后，四十一军又收编了傅作义的部队，战士的结构成分发生了较大变化。在欢庆平津大捷的同时，部队进行了全面休整，一是休养生息，二是自上而下开展思想整顿。

部队首长给我们讲马列主义、讲毛泽东思想、讲共产党的发展、讲红军长征、讲抗日战争、讲解放战争、讲“三大纪律八项注意”，组织我们学习《论持久战》、学张思德、学白求恩、学愚公移山，一连学了三个月。这一切对我来说，全是新的，使我受到了洗心革面的教育。特别是师副政委何英讲的大课，我听得如痴如醉，简直是入了迷。解放军首长对战士和蔼可亲，情同父子；战士之间，团结互助，亲如兄弟；战士们为老百姓担水扫地，军民鱼水情深。共产党与国民党，真是两种社会两重天。

当时在四野流行着一首歌《我为人民扛起枪》，歌词中说道：“我为谁人来打仗……我为谁人扛起枪？为革命，为祖国……为了你，为了他，我为人民扛起枪。我为人民，人民为我，人民解放我解放。”这首歌明确地讲，共产党领导的这支军队，是为解放全中国、为人民群众而打仗的。大家都非常喜欢这首歌，连队集合开会等总唱这首歌，这使我们这些参加和平起义的新战士，也逐渐认识到人民子弟兵的真正含义。在解放军这个温暖的大家庭里，我感到了从未有过的心情舒畅，不禁想起在自己家乡长大的民族英雄岳飞说的一句话，“以身许国，何事不可为”。自此，我立下了报效祖国的雄心壮志。

1949 年 3 月 23 日，毛泽东主席和中共中央离开西柏坡，乘坐两百多辆车，经石家庄前往北平，他们先到四十二军驻地，四十二军护送他们从高碑店到长辛店，然后改乘火车。

3 月 25 日晨，红日东升时，毛主席的专列抵达清华园，后改乘汽车驶往香山。当天下午毛主席和中央首长在西苑机场检阅了入城的野战军，我们四十一军作为四野的代表承担了检阅任务。四十一军的三个英雄团——塔山英雄团、塔山守备英雄团、白台山英雄团和全军连以上干部，接受了毛泽东主席和朱德总司令的检阅。我们不是英雄团的兵，也不是干部，没有资格参加检阅，但听到受阅官兵的介绍，看到他们那股高兴劲儿，也受到感染。听说我们一二一师是四野唯一接受检阅的步兵师，我心里说不出的高兴和自豪，庆幸自己加入了一支既有光荣传统，又有卓著战功的部队。

解放团集训时，我们按班、排分住在老百姓家中。我们班五六个人，住在地安门公园西门小胡同的一个医生家中。这个医生姓吴，老两口有个女儿，叫秀秀，十八九岁，皮肤白净，非常漂亮，和六六姐年龄差不多，比六六姐有文化，也能吃苦。

吴秀秀很文静，一点也不娇气。她每天早上都把一个很大的煤球炉子搬到外面，晚上再搬回来。有时候炉子灭了，她就把炉子搬出去，生着火再搬回来。那时候天气很寒冷，吴秀秀的两只手都冻裂了，一点也没有怨言。我看到漂亮能干的吴秀秀天天搬煤炉子，有点心疼，很想帮她，但又怕吴秀秀说我献殷勤，所以一直没好意思帮她。吴秀秀看到我在看她，总是落落大方地点点头，微微一笑，脸上洋溢出少女特有的羞涩。时间长了，熟悉了，我也他们家干点事。吴秀秀经常买橘子、苹果给我吃，我们双方渐渐产生了好感。

秀秀有个舅舅和她住在一起，因为没有工作，每天待在家里，经常同我们电话班的人聊天，多次找我拉呱，天文地理、山南海北什么都聊。他问我家里情况、成亲了没有，说秀秀很喜欢我，问我将来能留在北京工作吗。我如实地介绍了家里的情况，告诉他家里有个童养媳，已经六年没联系了。他并不介意，要我和秀秀交朋交。尽管秀秀长得可爱，讨人喜欢，我每天都想见到她，但因为家里有六六姐，我知道自己只能去想六六，不能去想秀秀。

不久，我们部队接到南下的任务，我和全班战士告别秀秀一家，离开北平。没想到，这次告别竟然是我们最后一次见面。

南下路上的感动

早在 1949 年 2 月 23 日，四野十二兵团中的四十军、四十三军就组成先遣兵团，由萧劲光率领南下，长途跋涉二十多天，到达郑州以东、陇海路以北、开封等地。原来准备进逼汉口，后为等待国共和谈，和平解决桂系军队，萧劲光把部队移动到鄂豫皖交界地带整训待命，这一等就是一个多月。4 月 20 日，国民党政府拒绝在和平协定上签字，和谈破裂。4 月 21 日，毛主席和朱总司令发出《向全国进军的命令》，二野、三野随即发动渡江战役，四野萧劲光兵团虽然没有同时渡江，但看住了白崇禧的桂军，使之不敢东援，保证了二野四兵团渡江后的侧翼安全，使汤恩伯苦心经营三个月的长江防线被全线突破。二野、三野在华东方向高歌猛进，歼敌四十余万，完成了渡江战役，解放了苏南、皖南、浙江广大地区和江西、福建部分地区。

4 月 13 日，我们四十一军移交了北平城的卫戍任务，挥师南下。当时部队的汽车很少，行军主要靠步行，团级以上领导有马骑，平均每天行军八十里，走几天休整一次。我们电话班随着团部行军，政委姓邹，团长姓王，对我们都很爱护。特别是王团长，他虽在作战中失去一条胳膊，但对战士都非常关心。出了北平城就是河北的冀中、冀南，在国民党军当兵时，我曾随九十四军在这一带作战过。国民党军还没到，老百姓得信后早已逃离躲避、坚壁清野，国民党军不要说找饭吃，有时候连水源和向导都找不到，更不用说了解共产党、解放军的情报了，好似聋子、瞎子。国民党军进村后，烧杀抢掠、拆房砍树，完全不考虑群众利益，所到之处怨声载道、骂声一片。而这次加入四野，随军南下，却使我耳目一新。

当时四野几十万人南下，河北省各区县都成立了相应机构进行支援保障。为了保障交通畅通，沿线各地出动十万民众将路基加宽、桥梁加固，还架设了载重五吨至十五吨的浮桥，并派大批民兵看护沿线的铁路、公路、桥梁、仓库电线。为了保证部队粮草供应，沿途设立了供应总站、分站一百多处，保障南下部队的粮柴草料及副食品供应。在南下大军可能路过和借宿的村镇，还要求群众每户储存小米十五斤、柴三十斤、菜五斤、盐半斤，以便就地供应，及时保障，做到户户为仓、村村为营。

南下部队不仅在人力、物力、财力上受到民众的大力支援，而且受到人民群众的欢迎、欢送。在部队所驻村庄，村干部和妇女会组织了慰问组，赠送慰问袋、慰问信；组织了缝洗组，为战士浆洗衣被、缝补鞋袜；儿童团还组织了引路组、遛马组，为部队服务。部队进驻后，不少村镇会召开军民联欢会和文艺演出会，到处都是喜庆的锣鼓声和军民团结的欢笑声。沿途村庄像过节办喜事一样，在村头道口搭起花彩牌楼，悬挂欢迎的标语口号，组织秧歌队，敲锣打鼓夹道欢迎解放军。男女老少一起出动，有的挎着篮子，有的端着笸箩，里面盛着馒头、烙饼、红薯、鸡蛋，我们不吃，大爷大娘们就往我们兜里装，一些年轻姑娘端着温开水，追着部队让我们喝，不喝不行，我们只得站住喝几口，又赶快追赶部队。看见战士们行军热得头上冒汗，一些老乡趁我们站着喝水时，就用草帽当扇子，给我们扇风。看到这种场面，我深受感动。这在国民党部队里是不可想象的。我真正感到了老百姓把解放军当成自己的部队，体会到我们是人民子弟兵。人民群众对我们这么好，我们只得做“拼命三郎”，为了人民群众，不惜牺牲自己的生命。人民的拥军热情，鼓舞了指战员的战斗意志；而子弟兵的革命精神，又鼓舞了人民群众的革命热情。“打过长江去，解放全中国！”成了沿途军民团结战斗的口号和目标。这与国民党军的下乡扫荡，可谓是冰火两重天。

南下部队路过安国县（现安国市）宿营时，我们团的王团长叫来我说：“你家不是新乐县的吗？这里离你的家乡只有四十公里地。你回家看看吧，让家里放心，你也好安心打仗。你和我的警卫员骑两匹马，速去速回。部队在这里不能久停，要继续南下。”1944 年我被抓到日本当劳工，回来又被骗到国民党部队当兵，几次想回家都未能实现，也没有给家里寄过信，家中情况一点也不知道。现在加入解放军南下作战，这一走也不知什么时候能回来。王团长关心部下，让我回家看看，我求之不得，随即和王团长的警卫员骑上战马，直奔四十公里开外的家乡——新乐县东长寿镇北齐同村。来到北齐同村的村北面，我发现我们家的地窝子已被人拆了种上庄稼，连个房影都看不见了，只有父母栽种的果树还留在原地。我进村找童年的伙伴，找到几个人，都是一脸丧气，唉声叹气，不肯谈我家的情况。最后，我找到我爹的朋友李老来的儿子李小丑，他已是一个三十多岁的农民。

我问："我们家的人呢？"

他说了句"哎呀！兄弟……"，就抽泣地说不出话了。

我追问他："我爹呢？"

他只简单地说了两个字："死了！"

"我娘呢？"

"回河南了。"

"我媳妇和妹妹、弟弟呢？"

"小妹妹和小弟弟被日本人烧死了。你媳妇被日本人烧残了，和你大妹妹随母亲回河南了。"

"怎么回去的？"

"河南老家来了个叔叔，推着霸王车把你母亲接回去啦。"他们怕我伤心，只说死了，走了，却不愿说怎么死的。我想，他们不愿说就算了，等路过河南我回家问母亲就会知道的。

我问："我父亲他们埋在哪里？"

他说："你父亲的坟前两年被你叔叔起回河南了，小妹妹、小弟弟死时埋在乱葬坟，起坟时没有找到。"

没想到我才离家六年，家中就发生了这么大的变故，亲人死的死，逃的逃，连人带家都没了。我悲痛万分，欲哭无泪，只剩下仇恨，仇恨万恶的日本侵略者。我告别了北齐同村的乡亲们，和警卫员飞马回到安国驻地。

第二天，部队继续南下，我们军的行军路线由安国经正定、石家庄、邢台、邯郸、安阳、新乡过黄河。四野沿平汉铁路进入河南时，国民党残敌盘踞在黄河北岸的安阳和新乡。四野先头部队第四十军快到安阳时，应太行五专区干部群众的要求，向安阳城守卫之敌人发动进攻，但因时间仓促，准备不周，攻击三天，未能攻下。于是中央军委把任务交给后续部队，把解放安阳和新乡的任务交给四野的四十二军和四十七军，要求他们会同华北军区的部队发动安（阳）新（乡）战役。

这两个军接受任务后，又重演了一次平津战役。在安新战役中，进攻安阳的第四十二军学习解放天津时的办法，以攻坚为主。进攻新乡的第四十七军学习解放北平的做法，以攻心为主。安阳城防坚固，城墙高十米，上宽五米，下宽十五米，城墙外是十米宽的外壕，外壕外面是护城河，据说水深三米，河底布满了竹签。城池四周修筑有两百多个明碉暗堡。为此，四十二军集中四个榴弹炮连的80多门大炮，齐射城墙突破口，还采用坑道掘进办法，在城墙和护城河接合部提前挖好了装药室，最大的一个装药室装了一吨炸药。因为准备充分，从总攻到解放，只用了两个小时，就歼灭安阳守军两个军的一万六千人。而在新乡，四十七军炮团副团长冉影利用和新乡守军副军长李辰熙的表兄弟关系，秘密交涉，耐心做思想工作，最终国民党第四十军宣布起义改编。

1949 年 5 月 7 日，安阳、新乡相继解放。等我们四十一军进入河南时，黄河以北已经没有国民党的大部队。部队途经的安阳离内黄老家只有几十里地。当时，我心里非常想回家看看六年未见的老娘和家人，弄清家里的情况。可团长边走边给我们讲故事，特别讲了大禹治水三过家门而不入的故事。我想，自己刚加入解放军，还没正式参加战斗，而部队正在前进，每天不是行军，就是打仗，如果探家，很可能掉队或找不到部队，于是决定先不探家，等将来为国家和人民建功立业后，再荣归故里。

湖北孝感初立功

在南下追歼行军中，我有意走在通信连电话班的后面，看到哪个战友走累了，跟不上部队了，就主动把他的枪拿过来，自己背上。我不但帮助本班的战友 ，而且帮助其他班的战友背枪。最多时，我一个人竟背了八条枪，一条枪七斤半，八条枪就是五十六斤，再加上个人的背包行李，身上负重达八十多斤。我的行为受到了连队领导的表扬，同时也得到了战友们的夸奖。大家互相帮助、奋勇争先，在这次行军中，通信连没有一人掉队。到部队在湖北省孝感地区评功时，我荣立了参加解放军后的第一个一等功，同时被任命为电话一班班长。升任班长后，我更是时时严格要求自己，事事身先士卒，处处给战士们做出表率。行军时，我让副班长前面领队，我在后边收容，保证全班无逃兵，无掉队。我很快就写了入党申请书，并成为一名候补党员。

不久，部队打过了长江。先头部队在长江上用轮船架起了浮桥。南下部队按建制有秩序地过桥，先过车，再过马，接着过人。等我们班牵着马、驮着电话线，从汉口过江到武昌时，已经是半夜了。为了不麻烦群众，部队露宿街头。因为过江拖延了时间，大家没吃上午饭，连队宣布夜里不开伙了，坚持到天亮再一块儿吃，但我班一些战士肚子饿得睡不着觉。我把大家安排住下，就上街看能否买到些能吃的东西。当时我们每个月津贴费发六万元边区票，但南方的商人都不要，多亏我在监护团时还存有六块银圆，商人们都喜欢。我转了半条街，终于买了一兜油条，拿回来让全班八个人分着吃点，解决了饥饿问题。

急行军时，部队吃不上饭的事常有发生。战士们休息时，我就到老百姓家里，给老乡点儿钱买些食物，拿回去让战士们吃。老百姓拥护解放军，爱护子弟兵，说啥也不要钱。我总是严格执行纪律，硬把钱留下，从不白拿老百姓的东西。有一次，也是夜晚宿营，按班分到老乡家住，我班无法开火做饭，看到邻居一个年轻姑娘正在蒸大米，我又拿出一块银圆给她，让她给我们点米饭。姑娘很爽快地答应了。一会儿工夫，米熟了，战士们抬着一笼屉大米，抱着一摞碗送过来。我给姑娘一块银圆，她说太多了，我说："多就多吧！"大家吃了一顿热腾腾的大米饭，高兴地睡了。后来听说别的班大都是饿着肚子睡觉，我们班的战士都很自豪，大家夸我领导有方，其实我是学习《水浒传》里的农民英雄，觉得得和战士们有福同享，有难同当。我关心体贴战士，和战士们相处得亲如兄弟。俗话说，三分的班长带不出五分的兵。我用自己的言传身教和爱兵如子的行动，凝聚了一班人的心，使电话班成为有名的模范班。

铁打的营盘流水的兵，在战争年代军队流动更快，特别是我们解放团，实际就是一个起义新兵训练团，初步完成训练教育后，就根据作战部队的需要，补充给作战部队。我在解放团因为有一些电信知识和经验，所以团领导迟迟不肯放我，等部队打过长江后，师部通信连向解放团要人，团领导才把我推荐到师部通信连。通信连原来有个老班长，因为吊儿郎当，又不能团结战士，连部让我代替他当班长，让他当副班长。开始他噘着嘴不服气，后来看到我对他很尊重，行军打仗时以身作则，带头在前，帮扶在后，他不但佩服我，还和我成了好朋友。

部队到了韶山冲

1949年5月14日至15日，四野第四十三军在武汉以东、九江以西渡过长江。5月16日，第四十军占领汉口，17日进占武昌、汉阳，武汉三镇这个辛亥革命的圣地宣告解放。部队首长决定由十三兵团三个军发起宜（昌）沙（市）战役，歼灭宋希濂主力；十五兵团三个军配属两广总队，配合二野四兵团，发动湘赣战役。因为白崇禧全线撤退，经过近一个月的苦战，7月16日十三兵团占领宜昌，解放湖北湖南十七个县城；湘赣战役解放了湘东及赣西二十二个县城。随后进行的赣西南战役，攻克县城十七座，解放江西全境。8月4日，程潜、陈明仁在湖南率部起义。我所在的四十一军渡过长江后，进入湖南，来到湘潭县的韶山冲。

韶山冲位于湘潭、宁乡、湘乡三县的交界处，地处湘江中游西岸八十多里，不仅群山环抱、峰峦耸峙、气势磅礴、翠竹苍松、田园俊秀、山川相映，而且是毛泽东主席的故乡。一到韶山，通信连连长特意把大家召集在一起，严肃地说："我军一贯遵守'三大纪律、八项注意'。今天，我们到了毛主席的家乡，'三大纪律、八项注意'是毛主席亲自制定的，大家要严格遵守，坚决贯彻执行，绝不允许任何人违反纪律，给我们通信连脸上抹黑，把脸丢在毛主席的家乡。"

晚上，我们所在的连队住在一户姓毛的人家。他家是一进三的大院子，步兵通信班住前院，电话通信班住中院，电报通信班住后院，骑兵通信排住后院后面的一个闲院。

第二天早上部队开拔时，按常规，需要检查一下老乡家里的锅碗瓢勺刷干净没有，水缸里的水挑满没有，借的门板还了没有，屋里屋外的地打扫了没有。平时一般都是班长带着队伍走，副班长留下来检查，因为这是毛主席的家乡，我特别注意，对副班长张春华说："今天你带队伍走吧！让我留下来检查。"

我看到他们住的院子地面干干净净，水缸里的水满满的，屋子里收拾得井然有序，也没有发现有什么损坏的东西，只有一个鸡毛掸子在地上放着，于是弯腰捡起来，掸掉上面的土，放在了茶几上，然后满意地走出屋子。

一出屋，我愣住了，发现门外放着一个大木盆，像是老乡洗澡用的那种木盆，木盆掉了一块木板，同时盆里面还有一些麸皮、草料没有刷干净，很明显是后面闲院里骑兵通信排喂马用过的。借老乡的木盆弄坏了不但不修好，也没有刷干净，而且还放到我们班门口，我气得火冒三丈，二话没说，提起大木盆就向骑兵通信排住的闲院走去。

我找到骑兵通信排排长杨道君。杨道君高个子，胖圆脸，长得像一个圆南瓜，士兵们背地里都叫他南瓜脸。我直言不讳地说："杨排长，你们喂马把老乡的木盆弄坏了，也没有刷干净，扔到我们班住的院子门口干什么？"

杨道君没有说话，只是摇了摇头。

我又说："你是说不是你们弄坏的？"

杨道君还是不说话，又摇了摇头。

对于杨道君的冷漠态度，我强压的怒火再也忍不住了。我厉声道："你敢再说不是你们弄坏的！"

杨道君还是没有说话，只是看到我发火了，头摇得不自然了，没有前两次幅度大了 。

我看杨道君不承认，一怒之下"啪啪"就是两巴掌，直打得杨道君顺嘴流血，镶的两颗金牙也被打掉一颗。杨道君一边捂着嘴，一边在地上摸金牙。金牙没有找到，他就捂着流血的嘴跑出去找他舅舅了。他舅舅是师后勤处的一个处长，姓吴。

未能入党

我赶上部队，大概行军了一个多小时，吴处长骑马赶上了。他在马上连喊带叫地说："谁是李良杰？谁是电话班的班长？"

我报告说："我就是电话班的班长李良杰。"

吴处长在马上指着我说："你这是军阀作风、国民党的作风，共产党能打共产党吗？"

新调来的副连长急忙走上前表态："请首长放心，我们一定狠狠地批评他，严肃地处理他。共产党怎么能打共产党呢！"

吴处长骑着马扬长而去，部队还在继续行军。我也问自己："共产党能打共产党吗？”琢磨来琢磨去，结论是“共产党不应该打共产党”。

我是个麦秸火脾气，一点就燃，但我平时乐于助人，路见不平，总是拔刀相助，因此在连里很得人心。而杨道君性格暴躁，孤僻高傲，目中无人，平时做事也不检点，在战士中口碑不大好。因此，在这件事上大家明显倾向我。吴处长骑马刚走，通信连里的战士就喊：“打得好！打得好！”正在行军的其他连队知道了也喊：“打得好！打得好！”连部的支委们，也边走边商议怎么处理这件事。

晚上，部队住下来后，连长孙永谋召开党员会，让我参加。我当时是候补党员，入党介绍人是我们电话排排长曾文华，另一个介绍人是我的前任班长，即当时的副排长潘肖江。在党员会议上，我承认不应该打人，打人是不对的。正式党员们却说：“让杨道君先说，他做完他的检查，你再说。”

党员们在舆论上支持我，故意为难杨道君。迫于舆论压力，杨道君不得不低下头，乖乖地说：“我错了，我不应该损坏老乡的东西，更不应该把损坏的东西放在别的班门口。”

排长曾文华说：“杨班长已经认错了，李良杰你说说吧！”

我是个倔脾气，认准的理儿十八头壮牛也拉不回。我一本正经地说：“吴处长说了，共产党不能打共产党。曾排长，你是我的入党介绍人，我不该打人，我这个党员不合格，应该退党！”

曾排长说我维护军队纪律是应该的，但不该动手打人，建议批评教育，不同意退党处理。后来他又多次找我谈心，批评我太认真、太严格、太要强，但我认为既然我不合格，就不应再参加党内活动。

虽然不是共产党员了，但我还是共青团员。我的革命劲头没减，连队的战士们对我更加拥护，不久连队团支部改选，我以140票当选为通信连团支部书记，而负责连队共青团工作的副指导员只得了110票，当选为团支部副书记。

就这样，我纠正违纪的一巴掌打掉了我的党籍。尽管我一辈子拥护共产党，拥护社会主义，但此后几十年，从军队到地方，从战争年代到和平建设时期，党组织多次希望我再写申请，我都认为自己不够党员的八条标准，一生再也没有提入党要求，决心做一个党外的布尔什维克。

当时，我确实认识到共产党不能打共产党，在革命队伍中，只能打敌人，不能打同志。

在唐生智故乡救火

衡阳是湘南的交通枢纽、粤桂两省的门户，火车南下可直达广州，向西南通过衡宝公路到宝庆（今湖南邵阳），可通到广西。长沙解放后，白崇禧集团的五个兵团十一个军，共二十六个师、二十万人退守衡阳、宝庆一线，并与湘鄂西的宋希濂集团和广东的余汉谋集团，组成“湘粤联合防线”，企图阻止解放军向两广进军，以保护国民党大西南的“半壁江山”。为追歼白崇禧集团，1949年9月13日，四野在二野的配合下，分东、西、中三路南下，在衡阳、宝庆地区发动攻势。白崇禧的桂系集团负责阻击解放军，首当其冲的是白崇禧的嫡系“钢七军”，军长是大名鼎鼎的李本一。

为了阻挡解放军南下，白崇禧把“钢七军”四个师部署在青树坪伏击解放军。李本一用三个师和一个加强团，包围了四野先头部队第四十九军第一四六师，打了解放军的追击部队一个措手不及，险些被包了饺子。但回过神来的四野立即集中兵力，调动四十军、四十一军、四十五军、四十六军等六个军的主力，围攻国民党的“钢七军”和第四十八军。李本一的“钢七军”首先掉进四野中路军的天罗地网，“钢七军”的一七二师和一七一师在突围中被四野咬住，不得脱身。10月10日拂晓，四野中路大军对被围的“钢七军”发起总攻，原本在进攻的国民党部队被解放军分割包围，三下五除二就被解放军击溃。仅我们四十一军一个军，就歼敌五千人。“钢七军”副军长凌云上、参谋长邓达之等八名将官被俘，只有军长李本一失踪。

在衡宝战役中，我们四十一军为中路军，主要任务是追击“钢七军”。当时全军分成四路进击。一天，我所在的部队在永州东安县一个叫狮子岭的村镇驻扎下来。离我们驻地不远的东安县芦洪市镇赵家井村，是南京保卫战的卫戍司令唐生智的家乡。唐生智生于1889年，毕业于保定陆军军官学校，早年参加过辛亥革命、讨袁战争、护法战争和北伐战争等重要战争。1937年11月，日军进攻南京时，他力主死守，主动出任首都卫戍司令长官，作为南京保卫战的最高指挥官。他声称要与首都共存亡，最后却奉命撤退，因组织不善，使得坚守部队和大量平民未能撤离。日军进城后，制造了惨绝人寰的南京大屠杀。此后，唐生智在湖南闲居，研究佛学。

抗日战争胜利后，许多人向蒋介石要官之际，唐生智却辞去一切职务，回乡办学，侍奉老母。他反对内战，主张和平，秘密与共产党联系，向国民党上层人士做了大量的工作。1948年11月，他曾到南京、上海，向蒋介石建议与中国共产党停战和谈。1949年春，他在湖南参加并组织了和平自救运动，任湖南人民自救委员会主任委员，领衔通电拥护湖南和平解放。1949年5月，白崇禧败退长沙后，解散自救会，逼走唐生智，威胁程潜，下令禁止一切和平自救运动。唐生智根据共产党地下组织的建议回到东安，在东安和附近各县组织了一些地方武装。此时，四野先头部队已进入湖南，分东西两路向南推进。程潜由邵阳赶回长沙，准备发表起义通电，并希望唐生智组织地方武装，切断湘桂线，阻止白崇禧军窜回广西。

唐生智接到程潜来电，表示完全同意，并进行了积极部署。此时，白崇禧也加紧了对唐生智的拉拢工作，先派唐生智的部下李品仙送来一批重金和礼物，邀请唐生智到广州国民政府任职，被唐生智断然拒绝。软的不行来硬的，李品仙走后不到一星期，白崇禧又派一二六军军长张湘泽到东安见唐生智，唐生智避而不见。张湘泽走后，唐生智知道白崇禧要对他下手了，便告别家人，躲了起来。

很快，白崇禧就派三〇五师师长覃琦带领一个师的兵力，以搜匪清剿为名，驻扎到离唐生智家只有四公里的地方。在唐生智家搜查扑空后，覃琦组织兵力，对唐生智可能隐藏的山头层层包围、封锁搜查。白崇禧的三〇五师搜捕了半个多月，没有任何结果，就想出一个毒计，将唐生智的夫人与子女全部抓走，先押到冷水滩，再押到桂林，后送到香港。直到全国解放，他们才被唐生智的部下放回。

白崇禧抓不到唐生智，就命令部队将唐生智家和耀祥中学烧毁。10 月 19 日，由于我们师的先头部队赶来，白崇禧三〇五师仓皇后撤，烧房子的计划未能实施，唐生智因此得以回到老家。当时的湖南省委书记黄克诚和二十一兵团司令员萧劲光了解到这一情况，电示我师副政委何英专程看望唐生智。

这天，我们随同何副政委步行几个小时，来到芦洪市镇赵家井村，老远就看见一座由高高的院墙围起的大院，走近才看到门匾上写着“树德山庄”四个大字。何英副政委带着几个机关干部进入洋房与唐生智会面，我们这些陪同前往的警卫、通信兵便在屋外警戒，在院内各处参观。整个门庭按“四进三井”设计建造，取《老子》中“道生一，一生二，二生三，三生万物”之意，寄望子子孙孙繁衍不息、永世荣昌。给我印象很深的是院内有一排猪圈，养着很多猪，个头也很大。唐生智看到解放军派一个副师政委来看望自己，代表共产党邀请自己到长沙，组建新的省政府，非常受感动，于是提出送几十头猪给我军，以慰劳解放军。由于唐生智长期隐藏，身体虚弱，又患了病，不能马上前往长沙，需要在家中休息和治疗一段时间，我们部队派了最好的医生去给唐生智看病。不久，唐生智由中共湖南省委统战部干部张立武、二十一兵团副司令员李觉陪同从东安前往长沙，参加了省政府的筹建和中华人民共和国的建设。此后唐生智在全国人大、全国政协和国防委员会都担任过要职。

就在看望唐生智老将军的三天后，我们的驻地狮子岭村发生了一次大火，要不是及时抢救，整个村镇都会化成灰烬。狮子岭村是个比较大的村镇，房屋密集，一户连着一户。一天晚上，有户人家突然着火，火随着风势，迅速向四处蔓延，情况十分危急。在这紧要关头，我带领全班战士冲进火海，有的扑火，有的泼水，有的搬东西，仍挡不住大火蔓延。这时，有人喊赶快拆房子隔断火源。我首先爬到墙上用铁镐拆房墙，班里其他战士也都奋不顾身跟了上来。很快在着火的房子周围拆出一个隔离带，火焰无法再向前蔓延，但我的衣服却被火烧着了。正当大火被阻断，我扑打身上的火时，突然一脚踩空，从墙上摔了下来，腿摔伤了。火灭了以后，全班战士身上不是灰土，就是泥水，有的衣服刮破了，有的衣服烧煳了，有的手脸熏黑了。由于抢救及时，这座村镇免遭火焚，当地民众对我们的行动又是夸奖，又是感谢。第二天，我们又背上背包，向南前进。

10 月 16 日，衡宝战役结束，将国民党军桂系精锐三个师加两个团四万七千人围歼于祁阳以北地区，解放了湘南、湘西广大地区。衡宝战役结束后评功时，我们班因为救火，全班集体立功。领导表扬我不仅勇敢，而且有智慧，又给我单独记了个一等功。

广西追剿残匪

1949 年 10 月 1 日，北京举行了开国大典，毛泽东主席庄严地宣告：中华人民共和国成立了。

11 月 6 日，四野六个军和二野三个军共四十万人，由湘西南、广东、贵州地区分三路向广西进军。我们四十一军从衡阳出发，沿湘桂铁路进入广西，之后留在博白、陆川一带清剿残匪。这期间我军又碰上国民党刚重建的第七军，活捉了军长李本一。

李本一是扮作商人逃回广西的，开头躲在全州乡下，不敢去桂林见白崇禧，因为第七军撤退时白崇禧让他走大路，他认为桂军擅长山地战，应该走小路、走捷径，结果遭到惨败。在部队突围失利时，他决定先潜回老家荣县，躲过风头，再做打算。

衡宝战役的结局，使国民党军“小诸葛”白崇禧气得七窍生烟，不过他没有处罚李本一，他还需要李本一这样的猛将。白崇禧一面重新调整广西防务，一面升李本一为第三兵团副司令官，要其重建第七军。经过东拉西拼，李本一终于以广西的几个地方保安团，搭建起了几个师的架子，但经不起四野追击部队的风卷残云，有的被歼，有的被俘，有的起义。11 月 30 日，第七军残部在博白覆灭，李本一再一次化装脱逃。

李本一回到荣县老家，解放军的清剿部队也紧追过来，我们师的三六三团追到他们村，他看无法逃走，就弄来一口大棺材放在院中，躺在里面，在棺材前点上长明灯，摆上供品。他老婆穿上孝服，假装守灵。战士们追到他家找李本一，他老婆说李本一得急病死了，已经装进棺材。我们的战士不相信，坚持要开棺验尸，结果打开棺材一看，李本一正躺在棺材里吃饼干。战士们用枪对着他："李本一别装死，赶快滚出来！"李本一急忙举起手："别开枪！别开枪！"他无可奈何地爬出棺材，被战士们五花大绑。当晚我师三六三团就驻扎在他家。李本一被俘后，提出三点要求：一是有马骑；二是吃米，不吃面；三是不要照相。前两条我军答应了他，但第三条没有允许。当时正好有记者在场，就过来给他拍了张照片，他无奈地叹了口气："好吧，照张狼狈相吧。"后来，四野派人同他谈话，他顽固不化。此后李本一先后被关押在汉口、合肥。因其在 1946 年进攻淮南根据地时，亲自指挥国民党军杀害定远、凤阳、嘉山及肥东一带新四军战士和革命群众三万多人，罪行累累，1951 年 8 月 24 日，安徽省皖北人民法院在合肥市城内苗圃广场（今合肥市体育场）召开万人大会，对李本一进行了公审，判处他死刑。

电话班的任务是保障部队上下联络畅通，师部电话班要保证师部与军部、师部与各团的联系。无论是作战还是驻防，每到一地，电话班要马上架设电话线。当部队转移或换防，电话班又要及时收卷电话线。平时行军打仗，就靠军马驮电话线，我们师部电话班有两批军马，都是蒙古马，这种马力气大，一匹马能驮十二捆电线，每捆电线十斤，算下来有一百二十多斤。在白天走平路、走短途，这样不成问题，要是雨天长途行军、走山路，就比较吃力。在追击李本一的残部时，一天下午行军，刚下过雨，崎岖的山道泥泞难行。我们电话班一匹驮电话线的军马不慎摔进山沟。山沟很深，在山顶看不到山底，也看不见军马。部队正在行军，不可能停留。我向连长报告情况后，把行李交给班里一名战士，带着党小组长、战士张春华下山寻马。山路湿滑，很不好走，我们跌跌撞撞用了近一个小时才下到沟底，看到马已摔死，电话线摔得乱七八糟，有的挂在树枝上，有的滚到了山沟里。马死了是小事，但不把电话线扛回来，耽误部队作战通话，就可能贻误战机，所以无论如何也要把电话线全部找到带回去。我们两人一会儿上高树，一会儿下水沟，费了很大力气才把电话线收起卷好。十二捆电话线全部找到了，但靠我们两个很难将其带回，于是我们在附近山里找了一位老乡来帮忙。我让张春华和老乡各背三捆，我自己一人背了六捆，向山顶爬。刚背上六十斤电线还不觉得重，可越走越觉得累，越走越觉得重。空手下山时我们用了近一个小时，这次负重上山，我们用了两个小时。上到山顶，部队早已不见踪影。要赶上掉队的这三四个小时的路程，起码要追几十里山路，只靠我和张春华，肯定无法把电话线带走。于是，我同找来的老乡商议，我们付款雇他帮我们把电话线送到部队。他随口就答应了我们的要求，找了根扁担，一个人挑六捆，我和张春华每人背三捆，再次上路。我们三人紧赶急追，累了就停下歇会儿，互相轮换着挑担，终于在天亮时追上了部队。连长和战士们看到我们累得满头大汗，都非常惊奇和感动。我向连长汇报了情况，从连部领了款给老乡付了运送费，请他吃了早饭，送他返回。部队驻扎后，我们用带回的电话线及时给师团之间加设好了电话，没有因为军马和电话线摔进山沟而影响师里的工作和战斗。

1949 年年底，广西战役结束了，从 11 月 6 日至 12 月 14 日，在历时三十九天的战役中，我们第四十一军先后攻克全州、兴安、桂林、灵川、荔浦、蒙山等县，歼灭白崇禧集团 8600 余人。人民解放军解放了广西全境，国民党桂系军阀白崇禧集团除两万人逃入越南境内，其余悉数被歼。战后部队总结评功，我再次荣立一等功。

广东剿匪再立功

1950 年 1 月 1 日，第四野战军兼华中军区改名为第四野战军兼中南军区。我所在的四十一军，除一五四师调归广西军区外，其余三个师调归四野十五兵团建制，于 1950 年 2 月奉命由广西容县地区开赴淡水、高要、惠阳、黄冈等地，执行剿匪作战任务，围剿的重点是国民党“暂五军”军长喻英奇的残部。

我们军从广西进军广东后，不是在深山，就是在海边，整天搜索清剿国民党的残军。一天，我所在的一二一师同友军围住了喻英奇残留部队的一个师，正准备剿灭时，突然获悉国民党的一个团要前来增援。师部需要把这一消息迅速传达给前线的一个团部。若派骑兵送信，需要绕三四十里的山路才能送到；如果从两座山中间穿过去，架通电话，需要涉过一条河，还要通过敌人三里的封锁线。任务紧急且危险，让班里的战士去我不放心，就主动请缨，到火线上架电话。我先背着电话线涉水过河，没有时间烤干，就穿着冰冷的湿衣服急奔。三里山路，怪石嶙峋，荆棘遍布，陡峭难走。为了不暴露目标，我只能匍匐前进。为了争取时间，我置个人安危于不顾，仅用了半个小时就爬行到了那个团部，架通了电话。当时，我的手臂和膝盖都磨烂了，身上血迹斑斑。可电话刚接通，忽然又断了，怎么摇也摇不通，我急忙返回去查找问题。我们电话兵，跟敌人正面交锋的机会不多，保证电话畅通是我们的主要职责，有时也是取得作战胜利的关键。我弯着身子，顺着电话线往回返，很快找到了断线处，电话线分成了两截，不知是被炮弹炸断的，还是被山上掉下的石头砸断的。我忙把随身携带的电话线接上，可是还差一米长不能连通。这时，我想到师首长急于下达任务的焦急神情，想起保证电话畅通是通信兵的天职，就不顾个人安危，一手握着电话线的这端，一手握着电话线的那端，用自己的身体当导线，接通了电话。手刚抓住电话线头，就觉得身体有点发麻，随着通话的电流增大，我的心脏似刀扎一样痛，差点儿昏过去。我知道师部正在给团里下命令，就坚强地忍受着，紧紧抓住电话线不撒手。我想，就是自己牺牲了，也要完成师首长交给的任务。好在通话很快就结束了，我这才松开手，把电话线又顺了顺，把线接好，返回部队。由于命令传达得及时，部队赢得了时间，不仅全歼了被我军包围的敌人，并且把前来增援的那个团也歼灭了。战后评功时，我又荣获一等功，师首长在庆功大会上点名表扬了我。

从 2 月到 9 月，我们四十一军先后解放了南澳岛、南鹏岛，共歼国民党军及土匪武装近三万人。有一些残匪受喻英奇的影响，藏在海岛山沟里不肯投降。为了争取喻英奇，我军将他收押在广州东山梅花村，时任中共中南局及广东省负责人叶剑英和方方相继找他谈话劝降，但他因与蒋介石关系特殊，始终不肯加入革命队伍。1950 年 11 月 28 日，喻英奇被押返汕头，公审后被枪决。

妈屿驻地两朵花

1951年，第四十一军进驻广东潮汕地区，担负海防任务。我所在的一二一师进驻广东省汕头市。汕头市位于广东省东部、韩江三角洲南端，濒临南海，历来是粤东、赣南、闽西南一带的重要交通枢纽、进出口岸和商品集散地，素有“岭东门户、华南要冲”的美称，是许多华侨的故乡。

汕头岛屿多，师部驻扎在汕头市，外派两个团，一个团驻守妈屿岛，另一个团驻守南澳岛。驻守妈屿岛的最高领导是师副政委何英。当初，毛泽东主席在党的七届二中全会上就语重心长地告诫全党：“可能有这样一些共产党人，他们是不曾被拿枪的敌人征服过的，他们在这些敌人面前不愧英雄的称号；但是经不起人们用糖衣裹着的炮弹的攻击，他们在糖弹面前要打败仗。我们必须预防这种情况。”部队来到一个高度开放的花花世界，能经得起诱惑吗？何英想起毛主席的谆谆教诲，觉得必须对战士们反复敲打。他在命令通信连连长孙永谋派一个电话班驻守妈屿岛时说：“汕头是华侨之乡，和海外联系多，情况复杂，你派出的人员一定要政治性强、觉悟高、技术精，如果出了事，你孙永谋兜着。”

我们班是电话一班，是师里有名的模范班。孙永谋连长想把一班留在身边，关键的时候能拿得出去，于是他让二班进驻了妈屿岛。电话总机安排在一个两层楼房的人家二楼，因为二楼干燥、通风。这家主人姓南，是个华侨，在香港开有金店。家里有两个女儿，大女儿南梅，二十出头；二女儿南萍，二八妙龄。两个女儿像两朵鲜花，不但长得貌若天仙，而且衣着时尚、性格开放。

解放军电话班进驻南家后，南梅、南萍不但叫解放军叔叔叫得甜，而且为战士们冲茶倒水，和电话班打得火热，就像一家人似的。二班长姓严，东北人，很快和南梅好上了。这消息不胫而走，让何英副政委知道了，何英把通信连的孙永谋连长狠狠批评了一顿："换人，如果再犯这样的错误，我饶不了你们。"

孙永谋又派电话三班去驻守妈屿岛。三班长姓杨，山东人，没过多长时间，与二班长犯了同样的错误。何英知道后十分气恼，指着连长兼指导员孙永谋的鼻子臭骂道："你们通信连电话排人都死光了？"

孙永谋在万般无奈的情况下，只好把自己的爱将派出去。他找到我，介绍了妈屿岛的情况，让我带一班去换防。临行前，他千叮咛万嘱咐地说："良杰啊！前两个班长的教训一定要吸取，你如果再犯同样的错误，我咋向何副政委交代？脸往哪儿搁？"

我拍着胸脯说："连长，你放心，枪林弹雨我都闯过来了，还会经不起这点考验？"

孙永谋说："你先别说大话夸海口，往往是大江大海都闯过来了，却在小河沟里翻了船。"

来到电话班驻地，第一次见到南梅，我就被她的美貌惊呆了。

我心里暗暗说：“怪不得二班长和三班长都犯了错误，这南梅长得实在太迷人了，这样的美女谁不喜欢？”

但是人民军队铁的纪律和连长临行前的叮嘱敲打着我，不允许我有非分之想。安顿好后，我及时给班里的战士开会，反复强调“三大纪律、八项注意”，并对全班“约法三章”：一是不准全班战士和这家的两个闺女说话，要让她们知道解放军战士都是铁打的汉子；二是不准她们姐妹俩进电话班住的屋子；三是不准和她们接触，不允许她们送热水，所需热水自已烧。如果谁违反了这“三不”戒律，严惩不贷。

然后，我找到南梅的母亲，严肃地对她说：“我们的前两个班长都犯了错误，受了处分，希望你管好两个女儿，不要让她们和解放军战士随便接触，解放军的纪律是很严格的。”我又向她阐述了我们班的“约法三章”。

南梅的母亲可能隐隐约约知道之前发生的事，但大家都没有挑明。听了我的话，南梅的母亲只是点了点头。从那以后，南梅和南萍再也没有给解放军战士送过开水。

一天，师副政委何英在妈屿岛召开连以上干部会议。我虽然是个班长，但作为一个独立单位，也参加了这次会议。开完会，我顺着山上的羊肠小道走了回来，到了一个小山坡，发现山路的旁边有条小溪，溪水潺潺流淌，清澈透明。路随溪转，溪水到哪里，路就到哪里。山坡上生长着各种各样的果树，树上挂满了成熟的果子，触手可及。我如入仙境，顿时感到心旷神怡，欣赏着这如梦如幻的人间仙境。顺着小溪的流水，绕过一座祠堂，我蹲在小溪边，用溪水洗了把脸，一时感到神清气爽。这时，我感觉有点累了，想歇歇脚，于是就在祠堂边的一块大石头上坐了下来。我刚坐下，一阵美妙的歌声飘然而至。

“小汽车，嗡嗡嗡，坐上汽车去北京。去北京，干什么？看望领袖毛泽东。”

这首歌，我不但爱听，而且会唱。我不由自主地站起来，循着歌声走去。原来那唱歌的女子正是房东的小女儿南萍。我仔细打量这位比姐姐更漂亮的姑娘。真是一方水土养一方人，生长在南国海岛的南萍，身上带着一种自然清纯的气息。精致靓丽的小脸，一双灵动的大眼睛，纯净得让人不敢丝毫亵渎。两滴晶莹的汗珠，挂在她白玉一般的小巧琼鼻上。此时的我一下子对南萍有了好感。原先我认为，做生意的华侨是资本家，是斗争对象，没想到南萍不但长得漂亮，而且思想进步。于是，我主动来到南萍跟前打招呼说：“南萍，在这里玩呢？”

南萍扭头一看是我，惊奇地问道：“李叔叔，你怎么到这里来了？”

“我从团部开会回来，路过这里。”

随后，我又指着南萍身边一个五六岁的小女孩问：“这是谁家的孩子啊？”

南萍说：“我表姐家的女儿，她管我叫姨。”

我说：“哦，你俩在这儿玩吧，我回去了。”

南萍说：“李叔叔你先回去吧，我们再玩会儿。”

这次不期而遇，给我留下了美好的印象。不久，我们电话班被调回了师部。这次调动是中央军委的命令，海防线换防，由解放军把守的海防线，全部换成边防军。

我们电话班比其他连队晚回去四五天。部队调回时，上级有命令，哪个部队都得回去，就电话班不能回去，理由是边防军里现在没有电话班，让电话班支援边防军。

我没有回师部通信连，连长孙永谋着急了，他找到副政委何英说："所有外派的部队都回来了，唯独我们的电话班、师里的模范班长没有回来，这是咋回事？"

何英说："这是部队首长的命令，我也没有办法啊！"

孙永谋就去找政委李丙令、找师长左叶。

李丙令向军长汇报说："这个电话班的班长李良杰，是我们全师的模范，我们师培养一个模范不容易啊！"

经过一番周折，四五天后，军部把我要了回来。

当轮渡下沉时

我从妈屿岛调回部队没多久，受部队首长委派，到南澳岛调查一桩杀人案。

事情的大致经过是这样的：电话二班严班长受到处分后，被调到南澳岛，一天夜里被人用手榴弹炸死在被窝里。凶手已经抓到，是一个被俘虏的国民党士兵，长得愣头愣脑，看上去好像心眼不够。严班长不知道怎么得罪了他，他竟下此毒手。我的任务是调查严班长的死因。

那天一大早，我就坐机帆船去南澳岛。因为临近“八一”建军节，船上装了很多慰问品，有猪、鸡和各种水果。临开船时，驶来一辆军用吉普车，后面还跟着两辆卡车。吉普车一边跑，车上的人一边喊：“先别开船！先别开船！”

吉普车停下来后，从车上跳下一个军官，我认识，正是师后勤处的吴处长。吴处长命令似的说：“先别开船，把这些铺板装上。”

船主哀求说：“首长，不行啊！船上已经装不下了，再装要超载，会出事的。”

吴处长一拍胸口说：“出了事我负责。你们知不知道，现在岛上的一些战士还在地上睡。上级首长指示，‘八一’建军节前一定要让战士们睡上铺板。”

船主无奈，只好同意装船。两大卡车的铺板装完后，二尺多高的吃水线只剩下一尺来高了。启动了的船晃晃悠悠向南澳岛驶去。

汕头离南澳岛不到二十公里，大约行驶至十公里的时候，船主说：“不行了，船漏了，船舱里进水了！”

船上的乘客大多是附近人，在海边长大的，有经验，会凫水，听了船主的话一点也不慌张，倒是船上的十几个解放军战士慌了。

我一看情况危急，便站起来大声喊道："大家都不要乱动，把船上的铺板、凳子往海里扔，先不要把铺板扔完，万一沉船了好逃生用。"

人们往海里扔了一些铺板、凳子，还是不顶用，船舱继续进水。有的人爬上旗杆，还有的人爬上烟囱。那天早上，没有一丝风，整个海上风平浪静，附近也没有船只，隐隐约约地看见东面四五里远的地方，有几只打鱼船。我掏出手枪，朝着东面天空"啪啪啪"连打三枪，目的是向打鱼的船发出求救信号。

船很快就要沉下去了，我纵身一跃跳进了海里，顺手抓住一块木板，在海里漂荡。听到枪声的打鱼船，很快就驶过来救人，帮助打捞东西。忽然，我听到船上有人喊："那面还有一个人。"

我顺着喊话人指的方向，扭头一看，离我不远的海面上，漂着一个身穿蓝底红花裙子的女子。我以最快的速度向那个女子游去，用手轻轻地托起那个在水中挣扎的女子。万万没有想到，竟是妈屿岛的南萍，我不禁惊奇地叫道："南萍！怎么是你？"

南萍也认出了我，惊喜地喊道："李班长！"说着，她哇的一声哭了。

危难之际盼来了救星，南萍喜出望外。她双手抱住了我的一个手臂，使我无法向前游。我说："别抱着我的手臂！否则不能划水，咱俩人都危险！"她明白了我的话，松开了我的手臂。我一手托着南萍，一手划着水，向渔船游去。

南萍得救了。我们二人乘着渔船到达南澳岛后就握手告别，各办各的事去了。后来，她曾告诉我，自从在水中被救，我成了她心目中的英雄和“白马王子”。她经常自言自语地呼唤着我的名字，眼前时常出现我挥之不去的形象，甚至经常在梦中与我相会。我也没有想到，我一个粗鲁莽撞的男子汉，无意中叩开了一个富家千金情窦初开的心房。

我从小到大，除了六六姐外，南萍是我第三个亲密接触的年轻女子。南萍天生丽质，羊脂般的肌肤细腻白嫩，会说话的眼睛清澈透亮，尤其是那常常挂在两腮的笑窝，很妩媚，很耐看。无情未必真豪杰。我其实也很喜欢这个天真可爱的女孩。世界上的事往往是无巧不成书，在几天以后的表彰大会上，我们又不期而遇。

那天，晴空万里，阳光明媚，我所在的部队在中山公园召开表彰大会，隆重表彰战斗英雄。台下人山人海，主席台上坐着部队首长和地方领导，并排站着受表彰的英模，个个容光焕发，精神抖擞。我也要接受表彰，就站在前排右边第一个。献花的人是从学校挑选的女学生，南萍因长得漂亮，自然被选中了。当南萍发现受表彰的人员中有我时，真是喜从天降，那高兴劲儿就别提了。这时，她心里只有一个愿望，就是要把手中的花亲自献给自己的救命恩人。由于南萍的个头不算太高，所以没有排在献花队伍的最前面。主持人宣布“现在献花开始”的声音未落，南萍急中生智，一个箭步飞跑到队伍最前面，将手中的鲜花恭恭敬敬地献给了我，实现了自己的愿望。然后，她紧紧握着我的手，久久不肯撒手，眼里噙着激动的泪花，嘴里不停地说：“谢谢叔叔！谢谢叔叔！……”直到献花的人都离开了，她才松开我的手，依依不舍地走下台去。

第五次荣立一等功

从妈屿岛撤回汕头后，我军由战争时期转入和平建设，虽然还有剿灭海外小岛残匪的任务，但主要工作是建立和巩固祖国的海防。上级交给我们电话排一项艰巨任务，就是从汕头向妈屿岛架设一条长达几十公里的固定电话线。战争年代，部队流动性大，无论是驻防还是作战，大都是就地放线架临时电话，顶多是爬到房顶或树上挂挂线，难度不大。而要翻山跨海铺设高出地面几十米的电话线，难度就很大了，对于我们这些从战场上下来的电话兵，可以说是大姑娘上轿头一回。首先，要采购专用的电线杆和高规格的电线、瓷瓶等配件。连队让电话排长找有关部队从广州采购、运输电线杆、电线等，让我负责沿途挖坑、埋杆、布线。根据事前的勘查，规划的线路要经过一个九百八十米的大海汊，要跨过这个海汊，需要架设杆距一千米的电话线，这成了我们整个工程的最大难题。因为电线杆距较长，一般电话线经不住拉扯，部队专门派人到香港买了拉力强、导电性好的铜包钢线。因为海汊里要行船，电线垂度不能低于二十米，需要把一根杆子架在海边的悬崖上，另一根杆子立在海滩上，海滩上这根杆子需要高五十米。由于没处找这么高的木杆，部队专门从长白山运来了长达二十米的长杆。我们把四根电线杆接在一起，最下面一截用最长的，把三根杆拧在一块儿做底柱。大家先人抬肩扛地把电线杆、电线运上山崖，把崖顶的电线杆立好、瓷瓶装好、电线固定好，然后把电线放过海汊，拉到海汊另一边的海滩立杆处。当时部队没有吊车，要把五十米的电线杆立起来，只能靠人力。我们把几十个战士分成几组，有的在下面扶杆，有的用梯子顶杆，有的用绳子捆住每截电线杆的上头，从不同方向拉杆。大家根据我的指挥，统一行动，一块儿用劲把电线杆一寸一寸地拉起来，费了九牛二虎之力，总算把杆子扶正埋好。

电线杆立起来了，要把电线架上去也不容易，因为电线杆高达几十米，电话排的战士们都没有高空作业的经历和经验，一连上去几个人，都没有到顶就下来了，有的头晕，有的目眩，有的腿肚子哆嗦，别说干活，站都站不稳。我也没有高空作业的经历，心里也没把握，但工作总得有人干，于是穿好钉鞋，把布好的电线扛在肩上，硬着头皮往上爬。开始还不觉得怎么样，但爬过三十米后，我就觉得头晕目眩，只能尽量多往上看，少往下看。快到杆顶时，我感觉电线杆在风中晃动，而且越往上摆动幅度越大，越往上肩上扛着的几百米电线就越重。

终于爬到顶端，我先系好保险带，然后把电话线移到预先装好的电线杆横担瓷瓶处，通知下面的战友紧线。电线的两头，一头固定在悬崖上的电线杆上，另一头经过我的肩，抓在战友们的手中。我把电话线顶起来，喊一声："拉！"二三十个战友就拉一下。就这样，顶一下，喊一声，拉一下，电话线一尺一尺拉紧，渐渐离开海面。因为力气有限，大家干一会儿活，就需要歇一歇。为了不耽误时间，我没有下到地上，就在高空休息。刚到电线杆顶部时，还有些怯场，干一阵子后，适应了，恐惧感没有了，行动也自如了。我还学会了在高空迎风点烟，干累了就在空中吸一支烟，歇一下，再接着干。就这样，在几十个战友的努力下，海汉上的电话线一米一米地升高，终于升高到二三十米处。目测不会影响下面的轮船通行时，大家才停止紧线。我立即用铁丝把电话线固定在横担的瓷瓶上。等把一切弄好，解开保险带，准备下杆时，腿却不听使唤了。由于保持一个姿势待在电线杆上时间过长，我的两腿麻木了。我急忙用手揉揉僵硬的腿，慢慢往下挪动钉鞋，一尺一尺地往下挪。等下到地面时，两条腿都不能站立行走了。完成这项大工程，其他地段的架线困难都不在话下了。几个月后，我们终于架好了电线，使汕头到妈屿通上了国防电话。加线任务完成后，部队总结评奖，我第五次立一等功。我的这次实践，为此后部队的架线维护留下了经验，也为我复员后在河南老家的卫河上架线打下了基础。

在建设祖国海防的岁月里，虽然不打仗了，但我们的学习和工作生活还是充实的。虽然我不是党员，但我仍按党员的标准要求自己，各项工作都走在前面。连队的战士们非常拥护我。我只是一个战士，却在连队里身兼八职，除了担任通信连电话排一班长外，还兼任连团支部书记、师团总支委员、连军人委员会主任、连俱乐部主任、连队生活委员、连扫盲委员会文化委员、连队通信技师。在此后的两年里，我又立了三个二等功。既然大家信任我，我就不能辜负大家的信任。管伙食我不贪污、不受贿，不多吃多占；学文化，扫文盲时，我不仅自己带头学，还组织全班集体学，识字课本随身带，提前达到认识三千字的目标；当技师，架电话时，我在实践中学习，有困难冲在前头；开展俱乐部活动时，我没文化、没特长，就组织文艺骨干们讲故事、编节目，还编写了一个抓国民党特务的活报剧《老李上当》。

历史问题

1950 年 5 月 1 日，中共中央发出《关于在全党全军开展整风运动的指示》，要求各级党组织总结工作，克服居功自傲、命令主义、贪污腐化、违法乱纪等问题。因为当时我不是党员，也不是干部，所以整风运动对我没什么影响。但后来的镇反运动中，我却成了被怀疑的对象。

1950 年国庆节，党中央和国务院准备召开全国战斗英雄代表会和全国工农兵劳动模范代表会议，部队也开始了层层选拔。因为在解放战争中我曾五次荣立一等功和大功，这在同期入伍的战士中不多见，因而我先后出席了师、军的英模会，接着又被选为中南军区英模大会的参会代表。就在要上火车赴中南局驻地武汉，参加全国战斗英雄代表选举时，我突然接到通知，让我暂回部队。什么原因？没人告诉我。后来我才弄清，原来有人拿我的历史说事，说我有特务嫌疑，不能参加军区的英模会。事情的原因还是我工作太积极，引起了一个新兵的不理解。

当时，我们师驻扎在广东汕头，汕头市委书记罗范群曾在华北军政大学学习，给毛主席做过警卫工作。他调到地方后，请解放军英模开会做报告，还宴请了我们。中午回到连队，到海边上厕所，看到部队用苇席围起来的几个临时厕所很脏，苍蝇乱飞，蛆虫乱爬，茅坑满得无法下蹲，连下脚的地方都没有，我就利用中午休息时间进行清扫。我先用粪桶把厕所的粪便挑到农民的菜地里，接连挑了三担（农民见我给他们送肥料也很感动），清运干净后，又挑回沙子撒了一遍。那时候，雷锋还没有当兵，社会上还没有开展“学雷锋，做好事”的活动，但为人民服务、为群众办事，是部队的光荣传统。

下午连队集合时，指导员问：今天哪个班值班搞卫生？

有人报告说：一班值班。

指导员说：你们搞得好，把厕所收拾得那么干净。

一班长不好意思地说：中午我们没有打扫厕所。

有人说：是电话班班长李良杰打扫的。

指导员当众表扬了我，大家一齐鼓掌。

不料，晚上团员开会时，一个新战士（共青团员）说：“哎呀！电话班班长李良杰那么积极，积极到让人摸不着头脑，他有那么多功劳，为什么还干打扫厕所这小事？”这个新兵连问几句：“李良杰为什么这么积极？”说者无心，听者有意。这事后来传到师政治部整风办公室，有人认为我历史复杂，对我产生了怀疑。据我所知，这就是不让我参加中南军区英模大会的原因。

1950 年 9 月 25 日，全国战斗英雄代表会议和全国工农兵劳动模范代表会议如期在北京召开。建国一周年，代表们登上了天安门观礼台，毛泽东主席代表中共中央向大会致祝词，号召全国人民向英雄模范学习，同时号召英雄模范继续向广大人民学习，为经济建设和国防建设做出新的贡献。我为战友们在北京聆听毛泽东主席的教诲而高兴，也为自己被不明不白地剥夺了大军区英模会代表的资格而委屈。想不到更大的冤屈还在后面。

全国解放后，国内外形势很乱，蒋介石逃到台湾，叫嚣要反攻大陆；美国又支持李承晚政府，把战火烧到了鸭绿江边。此时，国内还残留两百多万政治土匪，以及大批恶霸、特务、反动党团骨干、反动会道门头子和其他反革命分子，反革命活动十分猖獗。于是，在 1950 年 10 月 10 日，中共中央发出《关于镇压反革命活动的指示》。1951 年，全国开展了大规模的镇压反革命运动，分外、中、内三层，清查隐藏在社会上的（外）、隐藏在军政机关中的（中）、隐藏在共产党内的（内）反革命分子。在第二阶段镇反中，又结合“三反”“五反”运动继续追歼搜捕漏网的土匪、特务、恶霸、反动党团骨干和反动会道门头子五个方面的反革命分子。当时，中华人民共和国刚建立，社会秩序很乱，开展上述运动是必要的、应该的，问题是在执行中出现了宁“左”毋右的问题，我成了被当作潜伏特务隔离审查的受害者。

当时，部队还没有建军营，我们住在“万金油大王”胡文虎的公司大楼二楼里。一天上午，一个人来到我们班的宿舍，指导员介绍说，“政治部黄干事想找你说个事”，便离开了。

黄干事个子不高，三角眼，是知识分子，讲话是南方口音。我让他到床上坐，他爱答不理，心不在焉地问道：“你叫李良杰？”

我见他对人不尊重，就没好气地回答：“是。”

“你去过日本？”

“去过。”

“去日本干什么？”

“当劳工，下煤窑。”

“什么时候回来的？”

“日本投降后回来的。”

“怎么回来的？”

“坐美国军舰回来的。”

“回来后干什么啦？”

“给国民党当兵了。”

“后来呢？”

“我杀死了营长，逃出来了。”

“哦？还有血债哩！”

说到这里，他不再问了，主观地认为我是日本特务、美国特务和国民党特务，还有血债。他认为钓住了一条大鱼，认为我是打入军队的特务，要颠覆社会主义政权。谈话没有继续下去，他急忙回去汇报。

下午，机关来了两个挎枪的卫兵，把我带到政治部一间冷清的房子里，把门锁上了。当时，我还不知道这是隔离审查，以为是关禁闭。一见锁门，我就急了，两眼望着窗外，心中怒火在烧。我大喊道：“你们这是干什么？为什么给我关禁闭？”

他们说：“老班长，你别急，我们是奉命把你送到这儿。”

“为什么关我？”

“这是政治部保卫科定的。”

我说：“你们把门打开，我去找政治部领导。”

他们说：“我们不敢开。”

我当年二十一岁，正是火气旺盛、脾气倔强、天不怕地不怕的时候。听他们这样说，我非常生气，一脚就把门踹开了。当时的门是单扇合页的，可能不太结实，也可能是我用力过猛，门一下子被我踹到地上。我踩着门跨出屋，几步就走到政治部。我大声喊道：“谁是主任？”

“干什么？干什么？”从屋里出来几个干部。

“为什么关我禁闭？”

政治部一下出来二十多个人，一位老同志解释说："部队正在整风，清查敌特人员，有人对你有怀疑，所以对你进行隔离审查。"

我一听更气了："什么？我是特务，我把命都交给部队了，我会是特务？不行，我要找师长、政委，他们了解我。"

当时，我们师的师长是左叶，政委是李丙令，都在外地开会。政治部这位干部就当着我的面给政委打电话，把我的情况简单向政委说了一下，说我有特务嫌疑，让我反省。我听电话那头政委批评他们说："……李良杰是全师的英雄模范，是我们的带头兵，你们随随便便就关他的禁闭，那哪行？赶快放人。"

政委让他们赶快放人，谁敢不听？那个干部让那两个卫兵送我回去。

我说："不用你们送，我自己会回去！"我推开那两个卫兵就往回走。

走到连部，身兼连长、指导员的孙永谋迎出来。他可能已经接到了师政治部的电话，便让我进屋坐下。我像见到亲人一样，把心中的愤怒和委屈一股脑地发泄了出来。我汇报了事情的经过，又接二连三地质问："为什么关我禁闭？""你们把我当什么人？""难道我有反对共产党的心吗？"

孙连长没有直接回答，给我倒了一杯水递过来："你先喝口水，歇一下，消消气。"

孙连长是我在部队里最贴心的人，也是我的政治启蒙老师。除了政治课上的教育学习，他还经常给我开小灶，教我学文化。

我头脑中的马列主义基础和共产主义理想，都是他教给我的。我有什么话，总愿意跟他说，他说的道理我也相信。见我火气小了，他便亲切地批评道：

“你这个脾气不行！别说审查你，人家审查我，我也得让人家审查。你竟把人家的门给踹了，还直闯政治部，组织纪律性都到哪儿去了！”

他又说：“现在刚解放，我们队伍里混进不少敌伪特务，不审查怎么纯洁队伍？最近部队已经查出一批特务，而且枪毙了几个。进行审查，排除嫌疑，是组织的工作，对你自己也有好处，不应该抵触，也不必有顾虑。”

“身正不怕影子斜，肚子没病死不了人。你没问题还怕审查呀！”随着孙连长的劝导，我渐渐冷静下来，不但气消了，而且认识到自己的错误。我请连长把我的认识向师领导报告。不久，师政委到连队调查，孙连长把我在部队的表现和历史情况如实做了反映，说了我的缺点，也讲了我的功劳。政治部没有再对我进行隔离审查，也没有把我定成漏网特务。后来，我到师部开会，见到政委，他主动对我说：“良杰呀，还生气吗？别生气了。搞运动嘛，哪能没有搞错的时候，希望你能正确对待。”

历史问题的阴影后来笼罩了我的一生，直接影响了我的立功、入党、提干。在后来的政治运动中，一些人在我的历史上大做文章，以此来打倒我。我没办法回避，不得不一次次据理申辩，真可谓是无奈至极。

追悔莫及的顶撞

我随师部驻守汕头时，通信连有个湖南兵叫乔民。别看他个头不高，肚里却有墨水，每天掂着个笔帮助没有文化的战士们写信。一天，我找到乔民，问："你是什么文化程度啊？"

乔民说："我是完小毕业。"

我说："我从 1944 年年初被抓到日本当劳工，到现在一直没有和家里联系过。南下时，我回了一次河北省新乐县东长寿镇北齐同村，知道母亲和大妹妹已回河南内黄老家了，到现在也没有联系过，你能不能帮我写一封家信？"

乔民说："李班长，你是咱师里的模范标兵，能给你写家信是我的光荣。你说吧，我现在就给你写。"

难者不会，会者不难。我口述了信的内容，乔民一挥而就。信发出不久，我就收到家里的回信。信上说："现在家里没有房子住，吃饭困难，穿衣也困难。你的父亲已经去世了，童养媳六六和大妹子出嫁了。……"言语中还透露说母亲改嫁了。信中写的除了困难，就是一些坏消息，说得一丈水两丈泼的，使我的心情很沉重。

收到第一封回信不久，我又收到了第二封回信，是大妹妹写的。妹妹在信中说："是不是有人说咱娘改嫁了？那是谣言，村里人已经知道你还活着，并且参加了解放军，还立了功。村里给娘分了几间地主的房子，娘不要，仍然住在自己的老屋里，只是那间土屋已经很破了，难以遮风挡雨，同时也很危险。”

后来我才知道，前一封信不是母亲让人回的，是一个堂兄背着母亲回的。

我看到妹妹的来信后，去信问妹妹盖两间房需要多少钱。妹妹回信说需要六十元。

当时部队首长跟战士们讲，解放后的农民都分了房子、分了地，对军属照顾得很好，还有代耕粮，让战士们解除后顾之忧，可我家却困难成这样，我很不高兴。

我找到政委刘凌，把家里的困难情况告诉了他，说家里盖房子，急需六十元钱。

刘凌听后说：“良杰同志，按说对你应当特殊照顾，因为你是咱师里的带头人、模范、大功臣，但你要的数目太多，超过了我的权限范围。我一年最多只能救济你二十元，这还是最高级别的待遇。你家需要六十元，我可以分期给你，这六十元迟早能给你兑现。”

我说：“二十元不够，家里的房子还是没法盖。”

刘凌说：“那这事弄不成。”

我有些生气，说：“弄不成就弄不成吧，我不要了。”之后，我摔门而出。

刘凌看我生气地走了，就找到副政委何英说：“李良杰脾气太暴躁了，你去安慰安慰他，做做思想工作，不要叫他背思想包袱。他要六十元救济款，咱早晚能给他。”

何英找到我说："怎么了？你和政委吵架了？"

我说："我没有吵。"

何英说："你要六十元救济款？"

我说："是啊！我把一切都交给了部队，部队上说过会保证家里的生活，现在我家里有了困难，我母亲没有房子住，不应该救济吗？"我说得理直气壮，感觉自己还蛮有理由的。

何英说："你说得有一定道理，可是以师党委的权限，一次只能救济二十元啊！"

我听后说："不救济就算了，你跟我说这些干什么？"这下，我顶撞了何英。

何英也生气了，说了一句："你李良杰有什么了不起啊！"

我毫不示弱地说："我是个兵，没有什么了不起的，你何英是师领导，你了不起啊！"

何英说："不管你有什么了不起，你今天这个态度就不行。你顶撞我没关系，你和刘政委吵就不应当了。"

我回嘴说："我应当得很，甭说刘政委，就是左师长对我家的困难是这个态度，我也不愿意。"

何英听了说："李良杰你反天了，要是在战场上你这样顶撞首长，我敢枪毙了你。"

我听了，气呼呼拍着胸口说："来，你枪毙我！"

我把何英副政委弄得下不来台，何英往椅子上一坐，不说话了。

和何英副政委争吵了一顿，情绪冷静后，我认识到不应该用那种态度对待他。我想当面跟何英副政委道歉，却一直没有找到机会。

争吵过去四五个月后，我收到了妹妹的来信。信中说：“前一段时间，你所在的部队派人送来了六十元钱，说是政委派人送的救济款，让咱娘盖房子，其他什么也没有说。现在咱娘住的房子已经盖好，在原来的地方盖的，娘让你在部队好好干，感谢部队首长对咱家的照顾。”

妹妹的来信让我一头雾水，理不出个头绪。政委说一年最多只能救济二十元，怎么不到半年时间，就救济了六十元？并且他们也没有告诉我。我百思不得其解，于是找到通信连的宋指导员，说出自己心中的疑惑。宋指导员告诉我说：“你到现在还不知道是怎么回事啊？我以为你知道了呢！给你老家盖房子的六十元不是部队的救济款，是刘政委从他老婆的娘家借来的。若是跟你说明这事，刘政委怕你不接受，所以就没让你知道。这件事在师部也没有几个人知道，我是有一天去师部汇报情况时，听刘政委和师长说的。”

听了宋指导员的话，我深感内疚，认识到自己脾气不好、性子太急、态度生硬，不应该那样对待几位领导。我想找何英副政委认错道歉，但已经没有机会了，何英副政委已离开部队，到中国驻蒙古大使馆当大使了，我真是追悔莫及。而刘政委让我感动极了。我那样意气用事地摔门而出，他不但不气恼，还派人给我做思想工作，让爱人向亲友借钱，为我解决困难，办了好事也不张扬。

事情过去后，我还是和以前一样认真工作。部队评选模范时，大家还是异口同声地选我，说我工作认真、斗争性强。战士们把我的敢批评人、好大声说话当成了直爽真诚的优点，事实上，暴脾气伴随了我一生，使我办成了一些事，也办错了一些事。

我这一生，让我受益最大的人是通信连连长孙永谋。孙永谋是山东人，高高的个子，为人豪爽仗义，对人和蔼可亲。他经常带我出差，借出差之际跟我谈马列主义，谈毛泽东思想，谈共产主义，谈远大理想。连长的话，像春雨，似甘露，滋润着我的心田，让我终生难忘。

我和孙永谋谈起自己和刘凌政委、何英副政委争吵的事情。孙永谋知道我已认识了错误，为了减轻我的心理负担、解除我的思想包袱，不但没有批评我，反而安慰了我。孙永谋说："你对错误的事敢于提出批评，这是斗争性强、勇敢、忠诚的表现。在部队就应该立场坚定、爱憎分明。我喜欢你这样的性格，但也希望你加强思想修养。"

改变人生的抉择

光阴荏苒，岁月如梭。转眼到了 1954 年。这就在这一年，我的人生发生了一次重大的转折。因为劳累过度，体质下降，免疫力减退，这年年初我患了黄疸型肝炎，身上的黄疸把白衬衣都染成了黄色。那年月，医疗技术还不太发达，肝炎、肺结核是难以根治的大病。听说肝炎是急性传染病，连队马上把我送到广州第57陆军医院隔离治疗，这一治就是几个月。在这期间，中央军委发布命令，要求解放军广大官兵积极投身地方建设，想转业的就地安排工作，想复员的可以回原籍。医院接到上级通知，凡在医院住院的伤病员，团以下干部、战士一律不再归队，病愈者到复转团报到集训，办理复员转业手续。

听说我病愈出院不让归队，被送到了复转团，师领导对自己培养的战斗英雄有些舍不得。师部向军部打报告，要我归队，但没有办成。上级的答复是：动员大批干部、战士转业、复员，是党中央、毛主席、周总理签发的文件，必须不折不扣地执行。打仗需要英雄，各行各业的建设也需要英雄。我们解放军是熔炼英雄的大熔炉，英雄们从部队复转后，一定能在祖国各条战线当好火车头。政务院的命令必须坚决执行。

首长们还委婉地说：一个好战士人人都喜爱，人人都想将其留在自己单位，不想撒出去，这是不对的。我们这支队伍过去是播种机，现在还要当播种机。要把我们的战士像种子一样播撒到祖国各地，特别是好的战士，让他们在祖国各地开花结果，使祖国尽快繁荣昌盛起来，这样不好吗？

得到这样的回复，谁能说不好呢？师领导也只能无奈地暗自喟叹了。

复转团的集训，实际就是学习时事政策，了解国内外形势，要求复转军人听从上级安排，服从祖国需要。有的人打了十几年仗，对部队有深厚感情，不愿离开部队；有的人认为自己打了一辈子仗，到地方上无用武之地。更多的人看到不能留在部队，必须到地方去，就开始考虑下一步怎么走。平心而论，我也舍不得离开部队。我在解放军里待了六年，部队首长和连队的领导对我的关心、爱护和培养，是我永生难忘的。但铁打的营盘流水的兵，这么多官兵不可能老在军营里，战争已经结束，祖国建设正需要人，因此，我对上级让我复转这件事很快就想通了。

经过思想教育，复转团让每个军人填写一份登记表，登记表志愿栏自由选择，可填转业，也可填复员。转业有就地转业和回原籍转业两种，可根据地方需要和个人能力，当干部或当工人，有正式工作，有工资收入；而填报复员，入伍前没工作的只能回原籍当农民，没有工作，也没有工资，只能面朝黄土背朝天，与土坷垃打交道。

我从十四岁就被抓到日本当劳工，日本投降后，几经周折回到祖国，被蒙骗当了国民党的兵。1947 年加入中国人民解放军，南下作战，九死一生，曾荣获五个一等功、三个二等功，为祖国解放，不说有汗马功劳，至少可说做出了贡献，按说该转业到大城市，有个舒适的工作，享受一下胜利果实了，可是我没有这样想。我只参加了半个解放战争，有什么资格居功自傲呢？听说河南老家还很穷，需要复转军人回乡，和乡亲们一道去建设社会主义，我决定填写复员回乡。战友们私下里交换看法，有的说我死心眼，有的说我大傻瓜，放着阳关道不走，偏要走独木桥。有的说：我们参军南征北战，流了多少血，出了多少汗，打了这么多年仗，就这样回家种地打牛腿，那不冤死了吗？如果为了当农民，那不如不来当兵，何苦受这份罪，冒这个险？有的说：这是关系一生前途命运的关键一步，走错一步，影响一生。但我坚持认为，转业和复员都是革命工作的需要，相比之下，农村更艰苦，农村更需要我，当农民更光荣。

一天，部队首长以征求意见的口气问我："广东梅县的县领导，听到解放军要转业、复员的消息，专门赶到汕头师部，指名道姓要你去当邮电局局长。梅县可是个好地方啊，有'文化之乡、华侨之乡、足球之乡'的美称，是叶剑英元帅的故乡。你愿意去吗？如果你愿意去，我现在就回复人家。"

我毫不犹豫地回答首长说："首长的关心和好意我心领了，但我哪里也不想去，我想复员回家。我从十四岁离开家，十年没有见母亲的面了。过去因革命需要，我参军报国，对祖国来说，我已经尽了忠；但对家庭来说，我还没有尽孝。现在，我要回家尽孝，照顾年迈的母亲。我不去梅县当邮电局局长，自然有人去当，但我不回家照顾母亲，就没有别人能替我尽孝了。"

当时我二十四岁，已有九年通信方面的工作经历，凭我的工作能力和电信技术，去梅县当邮电局局长应该工作难度不大，而且可说是前途无量。但我还是放弃就地转业当干部，选择了复员回乡当农民。尽管首长对我的选择感到惋惜，但他看到我态度坚决、意志坚定，就没有再挽留，而是批准了我复员回乡的请求。

回顾六年的战斗生涯，我参加解放军没有一丝的遗憾，八次立功，荣获五枚军功章，已足以说明一切。

我一接到复员的命令，就立即收拾行囊，告别了曾经战斗过、工作过的美丽南国，踏上了北去的列车。如同一只失落的小鸟，我默默地离开了依恋的树林和鸟群，孤独地飞回自己的故乡。

告别军营返故乡

步行归家　午夜上坟

急速的列车，载着归心似箭的我，经过长途跋涉，终于在夕阳西下、夜幕降临前，缓缓驶进了河南省安阳火车站。

我下了火车，又马不停蹄地来到长途汽车站，看是否有开往内黄县城或楚旺镇的长途汽车，因为我听说楚旺镇离老家李大晁村更近。车站里的工作人员告诉我说：“昨天下雨，有一段公路坏了，今天楚旺、内黄方向不能通车，明天有去的汽车。”

安阳市离我的家乡内黄县宴公乡李大晁村四十公里，按说找个旅店住下，翌日回家才是正理。可我迫不及待想见到十年未见的母亲，恨不得插翅飞到家，岂能等到明天啊？我当兵练就了一双铁脚板，不害怕走夜路，因此决定步行回家。

我在车站办了个行李托运手续，然后背着装有日常用品的挎包，提着装有糖果、糕点的网兜，踏上了回家的道路。我出生在河北省新乐县东长寿镇北齐同村，又是从那里被掳到日本的，故乡内黄县窦公乡李大晁村，只在小时候和父亲逃难时去过一次，已经没有印象了，不知道怎样走。我找到一个长者，客气地问道：“老大爷，去内黄县窦公乡怎么走啊？”

那长者说：“你从这里去东关，到了东关再打听。”

我来到安阳东关，看到有个卖楚旺扒糕的，一问是楚旺人。终于见到家乡人了，我感到格外亲切。这时，我忽然想到，光顾着想家，已经一天没有吃东西了。于是我要了一碗扒糕，三个烧饼，边吃边和老乡攀谈起来。

老乡说：“扒糕是内黄县楚旺镇的特产，在其他地方找不到。它是用荞麦面做的，配着多种作料凉拌，是一道美味佳肴。”

我第一次吃家乡的小吃，感到味道特别美，就着烧饼，不觉一下子吃了三碗。

老乡是个生意人，经常走南闯北，问起路，简直就是个活地图。他把去李大晁村怎样走，向我交代得一清二楚。按他说的路线走，我没走一点冤枉路。

有三碗扒糕和三个烧饼垫底，身上有了劲，我按照老乡指的路，趁着朦胧的夜色，大步流星向李大晁村赶去。

走到半夜十二点，我来到了窦公乡政府所在地。看到前面不远处有灯光，还有人在说话，走近一看，是几个妇女在推磨。我走上前去，问道：“大嫂，去李大晁村怎么走啊？”

看到我穿着军装，是个解放军战士，其中一个妇女热情地说："出东门，一拐弯，再往东走七八里地，路南就是大晁村了。那一片有四个大晁村，李大晁村在最东边，紧靠卫河。"

这个妇女刚说完，有个老一点的妇女接着说："我领你去东门吧，到了东门拐过弯，往前一直走就行了。"

美不美家乡水，亲不亲故乡人。我一踏上故土，就感到格外亲切，同时，我也感到家乡的拥军优属工作搞得比较好。

进了李大晁村，我按照妹妹在信上说的方位，在后街靠西头路北，找到了一排三户人家，来到最后面两间房子的门前，怀着抑制不住的激动心情，抬手叩响了房门。

"咚咚咚！"我一连敲了三下。屋里传来一个老太太的声音："谁呀？三更半夜的，啥事啊？"

我尽管十年没有见母亲的面了，但一听就知道是母亲的声音，赶紧说："娘！我是闹小，我回来了！"

"啥，你是闹小！"母亲吃惊地说。她简直不相信自己的耳朵。

我说："娘！我是闹小！我复员回家了。"

我话音刚落，屋门"哗啦"一下就开了。母亲开了门，一把抓住了我的手，"哇"的一声哭了。

"孩子，娘等你十年了，每天晚上做梦都想你，眼泪都哭干了，你终于活着回来了。"母亲边哭边说。

母亲把我拉进屋里，摸到火柴，点着了煤油灯。等了十年的儿子回来了，尽管鞋就放在床边，当娘的连鞋都没有顾上穿，就光着一双小脚去给儿子开门了。目睹此情此景，我再也抑制不住自己的心情了，不禁泪如泉涌。借着微弱的灯光，我看出娘老了，脸上憔悴多了，有了皱纹，两鬓也染上了霜。

我蹲在母亲面前，像跪乳的羔羊，让娘仔细端详自己。看着昼思夜想的儿子，母亲突然抱着我的头哭了，我也把头依偎在娘的怀里，娘俩一起失声痛哭起来。哭了一会儿，我止住哭声，劝娘说："娘，别哭了，我随军南下时，到河北省新乐县东长寿镇北齐同村去了一趟，知道了六六姐和弟弟、妹妹的情况，您跟我说说我走后爹的情况吧！"

本来想止住哭声的母亲，听到我的话，反而哭得更痛了。她泣诉了那段令人悲痛欲绝的往事。

听完母亲的泣诉，我们娘俩又抱头一阵痛哭。我边哭边对娘说："俺爹的墓地在哪里啊？"

母亲说："你爹过世三周年后，我捎信让你三叔去了一趟北齐同村，把你爹的尸骨起了出来。我和你大妹妹用被子包着，抱回了老家，葬在村东头老祖坟上，从南面数头一排，从东面数是第三个。我在你爹坟头上立了一块砖，上面有你爹的名字。"

我说："我想去爹坟上看看。"

母亲点头应允了。

解放初期，普通人家埋葬后，只有一个坟头，很少有石头的墓碑，更别说豪华墓园。我按照母亲说的路线，找到了爹的坟头，借着月光，看到坟头那块砖上写着"李兰锁之墓"。我二话没说，

“扑通”一声双膝跪地，一连磕了四个响头，然后平身趴在父亲的坟上号啕大哭起来，那哭声撕心裂肺，在空中回响，打破了乡村夜晚的寂静。哭啊，哭啊……我嗓子哭哑了，泪水哭干了，就趴在父亲的坟头上休息了一会儿，然后一步一回头地往家走去。走了大约二十米，我又猛一转身。我回到父亲的坟上，再次跪下大声说：“爹，咱今生今世再也见不了面了。我曾经幻想过，如果您活着，我一定不让您受罪，就是拉棍要饭，也要让你吃饱。您的言传身教让我学会了做人。在我心中，您是个天不怕、地不怕、行侠仗义、爱打抱不平的大英雄。”

在回家的路上，我打掉粘在身上的泥土，擦去脸上的泪痕，因为我不想让娘看到我难受的表情，让她老人家伤心。我一天也没有孝敬过父亲，深感内疚，心想：只有加倍孝敬母亲来补偿吧。

我回到家，母亲已给我做好了饭，做的是葱花挂面和荷包鸡蛋。在豫北农村，这是招待客人的饭。当时，中华人民共和国成立不久，祖国贫穷落后，吃饱肚子是一代人的集体梦想。在内黄一带，有“鸡屁股眼子当银行”的说法，家家户户都养些老母鸡，指望靠卖鸡蛋赚些零花钱，买油、盐、酱、醋、柴等日用品，再者就是以鸡蛋招待贵重客人。我在南方基本上是顿顿吃大米，能吃上母亲做的葱花挂面，我感到比山珍海味都好吃。

这时，天快亮了。母亲知道我一夜未合眼，让我休息会儿。

农村的火红岁月

我和衣躺下，感觉还没睡多长时间，就隐隐约约地听到大街上有人喊：“上东地锄豆的了。”“的”是内黄窦公一带的口语，名词后面喜欢加“的”，因此，“豆子”叫“豆的”。那时，农村是大集体，体力工作很重，一天上工三晌，早上天不亮就起床，晚上摸黑才回家，一个劳动日计十工分，早上两分，上下午各四分。

我在部队养成了不管早睡还是晚睡都早起不睡懒觉的习惯，而且事事积极，不甘落在别人后面，于是起身问：“娘！我去锄地，咱家的锄头在哪里放着啊？”

母亲说：“一夜没睡了，多睡会儿吧！再说，回来也得好好休息几天啊。”

我说：“睡不着了，俺也闲不住。”

母亲无奈，只好说：“我老了，干不动活了，也没有置办那么多的农具，用锄到你三叔家去借吧！”

三叔家住在前院，院墙很低，有个栅栏门。我一抬脚就跳进院里叫道：“三叔！”

“谁啊？”三叔在屋里问道。

我说：“良杰，想用用你家的锄头。”

三叔说：“孩子，我们可把你盼回来了。锄头在屋檐下挂着，你自己拿吧。”

我扛着锄头来到大街上，这时天刚蒙蒙亮，还看不清人脸，听声音都是一些上年纪的人。

后来，我才知道喊大家去锄豆的人是成叔。当时，农村刚刚建起初级农业合作社。合作社把劳力分为青年队、妇女队、老年队。我来到地头，看到一个人高马大、鹤发童颜、精神矍铄的八旬老人，经询问，知道他叫李会，跟我爷爷是一辈。

只听李会说："先吸袋烟，喘喘气！今天咱上晌早，要杀杀青年队的锐气，不能每次都让他们抢先。"说完，他自个儿唱起了内黄特有的剧种落腔中《借髢髢》的一段。李会年轻时爱听落腔，也爱唱落腔，尤其喜欢唱坤角，把《借髢髢》一段唱得惟妙惟肖。据说有一次，他在将近一人高的玉米地里锄地，一边锄一边唱《借髢髢》。一个走亲戚的妇女路过，听他唱得好，就坐在地头听。李会越锄离地那头越近。坐在地这头的妇女听不清楚，就站起身往地里面挪了挪，继续听，一直听到地那头，才看清是一个大老爷们在唱，满脸通红地走开了。李会唱道：

这些东西还不算，
我还借你心爱的、爱心的、
翠翠的、玉玉的、珍珠玛瑙琥珀的，
上边的花草是活的，
你头上戴的那个花髢髢。
你把髢髢借给俺，
我上俺娘家走亲戚。

这时，成叔听到地里有刷刷的响声，就把手放在眼上，搭了个凉棚向地里望了望，只见前面黑压压一片人影在晃动。成叔急忙说：“咱们也赶紧往前锄啊！青年队又赶在前面了。”

锄了没多远，老年队和青年队照面了。他们见领头的是个穿军装的年轻人，不少人都以诧异的目光看着我，有的问：“这个年轻人是谁？”

我知道老少爷们都不认识我，抬起头，会心一笑说：“我叫李良杰，李兰锁是我父亲，昨晚从部队复员回来，从今天起就是咱合作社的社员了。”说着，我又埋头锄了起来。

李会羞愧地说：“今天俺失言了，看来咱老年队还是赛不过人家青年队啊！”

青年队里有人说：“今天要不是新来的李良杰，差点让你们抢在前头。”

太阳出来一竿高时，豆地锄完了，人们荷锄而归。我借着太阳穿过晨雾的光芒，第一次看清楚了李大晁村的整个轮廓。七岁逃难时虽然回过一次家，那些童年记忆的碎片早已模糊了，只记得村里的地主李天香、李国增家住的是高楼，地主李成文家是小楼，除了村里的富农、中农住砖瓦房外，其他人家一律住的是土坯砌墙、秸秆搭顶的草棚。现在家家户户房坡上有瓦，墙变成了外砖里坯，就是次一点的人家也用砖包角。目睹此景，我感到，仅仅解放四五年，家乡就发生了翻天覆地的变化，还是社会主义好啊！尽管我没有上过几天学，肚里没有多少墨水，但部队里有读报员，我记得杜甫的《茅屋为秋风所破歌》，这首诗开头两句是："八月秋高风怒号，卷我屋上三重茅。"诗太长，我没有全记下来，但其中两句"安得广厦千万间，大庇天下寒士俱欢颜"却不会忘记。我这次复员返乡，就是要和乡亲们一道建设农村，甩掉贫穷落后的帽子。

到了家里，母亲已把饭做好。早饭是玉米面糊涂（糊糊）、黄面窝头，平时她自己不舍得吃，今天特意炒了一盘鸡蛋。饭桌上，母亲一直劝我多吃鸡蛋。

我说："娘，我在部队的生活不错，经常吃，你吃吧！"

母亲看着我，嘴里一直说"我吃，我吃"，但筷子一直没有去动鸡蛋，只顾高兴地抹眼泪。

我刚丢下饭碗，又听见街上有人喊："今天吃过早饭，不上地里干活，要来大水了，都去马固堤上打堤。"

我说："娘，我到三叔家借把铁锹去打堤。"娘点头应允。

大堤上人来人往，川流不息，好不热闹。大家都是两个人抬一个筐，从下面往堤上抬土，唯独我自己担了两个筐，走起路来健步如飞。这一段大堤的负责人是石盘屯乡武装部部长李林川，他看到后惊叹不已，急忙上前询问道："你是哪里的人啊？"

我回答道："我是李大晁村的复员军人李良杰，昨晚才到家。"

李林川听后及时返回指挥部，用铁皮包的一头粗、一头细的喇叭筒喊道："大家要向复员军人李良杰同志学习！"

下午收工时，指挥部的喇叭筒里喊道："这次打堤时间紧、任务重，大家要吃住在大堤上，没有带被子的回家带被子。"

我回家拿了被子，就住到大堤上了。经过半个多月的奋战，我们终于完成了打堤任务。在结束评比时，我被评为劳动模范，得的奖品是个七寸步犁，还有个印着“奖”字的半截袖汗衫。

从河堤上回到村里，我才有时间拜访亲友，结识村干部。一天我正在家里忙家务，一个四十多岁的人带着挂面、香油等礼品来家里看我，一进门就冲着我娘大声喊道：“大嫂，听说孩子回来啦，村支部让我给你贺喜啦！”

我和母亲急忙迎上去，母亲说：“这是你五叔！”

我说：“五叔你好！”我顺便询问了一下党支部和村干部的情况，通过他我了解了村里的领导班子——四大晁小乡乡长张长安、村支书黄邦彦、村长李喜良（我三叔的儿子）、副支书李金明（就是我这位五叔）、民兵营长李秋保等。李喜良是个好人，但本事不大，好抽烟喝酒，且常被人利用。当时我们村有两个人参加了解放军，即我和我一个叔伯兄弟李天仁，解放初期国家照顾军属，每年都发一定的代耕粮，一年下来一个家庭能补助上千斤，但村干部没有发给我们两户军属家，他们暗中私分了。李天仁比我复员早，他回来后发现了这个问题，逼着村干部补上了代耕粮。我回来后，他们怕我上告，找他们算账，便主动上门送礼道歉。李金明说：“你不要对你喜良哥生气，代耕粮大嫂用不着，他用了一点，让他还给你。”后来我调查，贪污代耕粮的有好几个村干部，罪名却让李喜良一人背了。我没有同他们一般见识，李喜良给我娘送来一袋小米，就算了。其实，背后私分和出坏主意的是李金明，因为他心术不正，脸上有麻子，又排行老五，所以人们背地里都叫他麻老五。在公社化时代他夺权当了村支书，可把李大晁村老百姓害得不轻。

复员返乡的第十八天，区里的通信员找到我说："区里通知，让你到区里报道。"

我说："什么时间？"

通信员说："马上报到。"

军人以服从命令为天职，在部队听首长的，到了地方，就得听地方领导的。我马上跟随通信员来到石盘屯乡报道。

区委书记张敬力、区长葛国臣亲自接待我。张书记说："李良杰，我们看了你的档案，你立了很多功，是部队的模范标兵。希望你到了地方上以后，继续发扬这种精神。现在区里人手不够，想把你抽到区里，补充一下社会力量。"后来，人们把社会力量简称"社力"。我二话没说就在区里干起了"社力"。

再见六六姐

回到故乡，我见到了母亲和大妹妹，但一直没有见到我的童养媳六六姐。几次追问母亲，我才了解到六六姐的情况。原来我被日军抓走后，家庭接二连三地遭到不幸，先是父亲因外出寻儿未找到我，连冻带饿，连气带病，不幸身亡。接着是日军扫荡，小弟弟、小妹妹被枪挑火烧而死，童养媳六六姐虽然没有被烧死，但却被烧毁面容，落下一身残疾。一家七口剩下三人，都是女的，无亲无故，住在他乡难以为生，母亲只好带着一家人讨饭回乡，从河北新乐回到河南内黄老家。之后，六六姐找到了自己的亲娘。日本投降后，很多劳工回到故乡，家里却得不到我的消息，以为我死在日本，于是劝六六姐改嫁，找了一位复员的伤残军人。从河堤工地回来，我就想去看望六六姐，但母亲劝我别去了，说六六姐浑身上下烧成了残废，不愿意和人接触，况且人家又结了婚。我说："不管怎样，她是我的媳妇，被烧又是在咱家，她有伤残我不嫌，我应该把她接回来。"我坚持一定要去，母亲也没再阻拦。我用部队发的复员费买了六斤酱牛肉，又买了些饼干类的小食品，就上路了。六六姐家离我村较远，她家中有母亲和一个妹妹。我去她家时，她母亲生病躺在床上，她妹妹出来问我找谁，我说明身份，讲了来意，进屋见了这个未曾谋面的岳母。老太太看到一个年青军人带着礼物来看望她，心情非常激动，一会儿抱怨女儿没福气，有这么好个女婿却改嫁，一会儿又埋怨我为什么不给家里写封信。

我说："我不识字，不会写，直到后来才请人写信，同家里联系上。"老太太很惋惜。

我说："我想把六六姐接回去。"

老太太讲："现在说什么都迟了，她已经有两个孩子了。"

我说："那我也得见她一面。"

老太太说："她已经烧得不成样子了。她不愿见人，你见她，她更难受。"

我问："六六姐嫁到哪个村？"

她妹妹说："就在后村，离这儿三里路。"

我请她妹妹带路，找到后村她家，开门出来一个穿着军装、拄着双拐的人。

她妹妹没有公开我的身份，只说："姐夫，有人看望我姐。她去哪儿了？"

六六姐的丈夫让我坐下："你姐去隔壁邻居家了，你去喊她一下吧。"

她妹妹出去了，我趁机和这位伤残老兵聊了会儿家常。他姓丁，一等伤残军人，是解放战争中负伤的，同六六姐结婚六七年了，生了两个孩子，男孩五六岁，女孩三四岁，家庭生活条件不好，勉强能够度日。

正说着，六六姐的妹妹回来了，她把我叫到一边说："我姐不回来，她不想见你！"

我说："她不回来咱们去，我一定要见到她。"

于是我们告别伤残老兵，去邻居家找六六姐。她个头没变，脸却因烧伤变得一块黑一块紫，走在外面都不敢认。这就是从前和我一起吃、一起睡、一块儿干活、一块儿玩耍的六六姐吗？这就是我日思夜想、为其拒绝了许多求爱者的六六姐吗？一个美丽少女为什么会变成这样？我憎恨日本鬼子，害得我家破人亡，把六六姐烧成这样。我悔恨自己从日本归来，为什么不早点给家里写信？

我喊了一声："六六姐！"眼泪便涌了出来。

她说了一句："你回来了！"便哭得说不出话。

我原想把六六姐接回家，不再娶妻，养六六姐一辈子。可现在情况变了，我接走六六姐，伤残的战友谁来伺候？两个孩子怎么办？但她本是我的妻子呀，我有责任关心她、照顾她。我处在矛盾的心理中。最后我想，我不能因为想照顾她，就给她增添新的伤痛，毁了她构建七年的家。

我说："我想接你走，可我又不忍心，让你丢下孩子抛下家……"

她说："你走吧，你别管我了，是我对不起你！"

我说："你别内疚，这也不全怨你，怨我少不更事，没及时给家里写信，才酿成这悲剧。"

我想了解一些离别后的情况，可六六姐只是哭，什么也不说，我只好告别离开。复员时，部队给我发了两百元复员费，回家以后花了一百多元，今天看她又花了一些钱。我摸了摸口袋，还有30元钱，都掏出来给她留下了。我含着眼泪离开了她，她也没有出来送我。

六六姐的遭遇使我心里非常难受，但革命工作还得干啊。我每天按时按点上班，根据区里领导分配的任务，到潘营、马召、麒麟等一些村庄去工作，完成任务后回区里汇报，晚上回自己家里住。

追寻千里的爱

六六姐改嫁了，原配的妻子没希望了。闲下来没事，我想起一生中遇到的几个女子。日本的花子遥不可及，广东的南萍门不当户不对。我忽然想起北京的秀秀，不知道这几年她有什么变化？于是，我想去北京看一下。我向区长请了一周假，花四元钱买了一张从安阳到北京的火车票，乘车到了北京。我找到我们原来的住处，大门锁着。我向附近的邻居打听秀秀一家。邻居们说，秀秀母亲患肺结核病，传染给了秀秀，母女俩医治无效，死了已经三四年了，吴医生也搬走了。这个消息给了我一个打击，想不到一个肺结核就要了两个人的命，毁了一个幸福的家。高兴而去，扫兴而归，我在北京没有停留，乘火车返回安阳。请了一周假，只用了两天，我就上班了。

一天上午，我下班回到家，看到家里除了母亲，还有一位衣着时尚、年轻漂亮的姑娘。瞪眼一看，我不禁惊讶地叫道："南萍，怎么是你？"

南萍眼含激动的泪花，一头扑到我的怀里，带着哭声说："良杰哥，我千里迢迢找你来了。"

我让南萍坐好，用手帕为其擦干眼泪，边倒水边说："南萍，先喝点水，歇歇脚，有话慢慢说。"

南萍接过水杯，喝了口水，润了润嗓子，说出了事情的原委。

自那次表彰大会献花一别，南萍就得了相思病，睁眼闭眼都是我身着绿军装、头戴红五星、胸佩大红花的英俊形象。南萍不但家财万贯、衣食无忧，而且聪明漂亮，追求她的有富家子弟、俊男帅哥，也不乏才貌双全者，可她都不屑一顾。她仰慕英雄，深爱着我这个救命恩人，而且爱得死去活来，像着了魔一样，吃不好饭，睡不着觉，一封一封给部队写信，却封封都石沉大海，杳无音信。在万般无奈的情况下，她不顾女孩的羞涩，跑到部队去打听。部队里的同志对她说我复员回老家了。她询问了我家乡的地址，不顾一切地找来了。

南萍很认真地说："良杰哥，我觉得你就是我这一生要找的那个人，是值得我托付终身的人，我是真心喜欢你，希望你理解一个少女的心，不要拒绝我、伤害我。"

人心都是肉长的，我也有七情六欲，也不是铁石心肠。我被南萍的痴情感动了，可是看看年迈的母亲，看看这穷家破房，我怎能让一个如花似玉、心地善良的姑娘生活在这种环境里？于是，我语重心长地说："南萍，不是我不懂感情，你看看我家这个样子，你一个千金大小姐受得了这个苦吗？况且，我娘也老了，需要我孝敬。"

"只要能和你在一起，我什么样的罪都能受，什么样的苦都能吃。我可以和你一起孝敬老娘。真不行的话，咱们一起回汕头，也可以移居新加坡。我父母没有儿子，只有我们姐妹两个，父母一定会把你当成亲儿子看待的。"南萍说得头头是道、有理有据。

我知道南萍是真心爱我，但我不愿耽误她的一生。无论南萍怎么劝说，我都像一口吃了个秤砣——铁了心了，说啥也不答应这桩婚事。我觉得不说狠话，她不会死心，便很严肃地说：“你是资本家出身，我是贫雇农家庭，咱们是不同阶级的人，是不可能结婚的。你走吧，咱们不是一条道上的车。”

热脸碰上个凉屁股，南萍一腔热血，不远千里，来到这穷乡僻壤，没想到她昼思夜念的人心比坚冰还凉，她美好的希望像肥皂泡一样破灭了。无奈之下，她只好离开。临出门时，她掏出一把钱，递给我说：“这是我的一点心意，你留下吧！”

我一再推辞，说什么也不要。

南萍说：“如果你不要，我就不走了。”说完她把钱往地上一撒，哭着跑出了屋门。

当时在区里当社力的我，每月工资二十多元，在群众家吃派饭，每天给人家一毛钱饭费。南萍一把撒了三百多元，那是我一年多的工资啊！

李大晁村离田氏汽车站十八里。我在窦公集上借了辆三轮车，把南萍送到田氏，然后让她坐汽车到安阳转乘火车。

十八里相送，是我们俩人生中的最后一次会面。我吃力地蹬着三轮车，心里无比沉重，一路上默默无语。梁山伯和祝英台十八里相送时，祝英台曾暗示梁山伯，梁山伯不解其意，以至于后来双双化蝶。现在不用暗示了，南萍都已经把情意说明了，可具有传统思想观念的我，说什么也不肯接受南萍。南萍坐在三轮车上，低着头，泪流满面，泣不成声。

十八里,走起来是那么漫长,又是那么短暂。南萍凭自己的条件，什么样的对象找不到，没想到竟在这里吃了闭门羹，少女的自尊心受到了如此大的伤害。到了田氏，南萍上了汽车，汽车徐徐开动了。梦断中原的南萍，从车窗向外挥挥手，捂着脸不再看我。

望着南萍渐渐远去的身影，我站在原地呆若木鸡，眼前一片空白。南萍是多么好的姑娘啊！人家几千里跑来找我，我却说人家是资本家，生生拒绝了人家，伤害了人家的自尊心。想到这里，我感到心里酸楚，就像打翻了五味瓶，有一种说不出的痛在折磨着我。我感到孤独无望，无力地蹬着三轮车，难过地踏上了归途。

当“社力”拔钉子

爱情与婚姻的挫折，确实会影响人的情绪，我也不例外，但我并没有把此事看得有多重。如同在部队一样，我还是把革命工作放在首位，并想用工作的繁忙，忘却爱情的困扰。我觉得，作为一个革命战士，无论生活的风浪把我推到哪里，我都应很快找到自己的哨位。干一行，爱一行，专一行，出满勤干满点，把工作干得有声有色，得到领导的满意和群众的拥戴，是更重要的事。一天下午，区委书记和区长找到我说：“良杰啊！现在区里遇到一个难题，我们看非得你出面才能解决。”我笑了笑说：“你们先别捧我，先说说情况吧。”

区长葛国臣严肃地说：“是关于区里民政调查的事。前段时间调查劳动果实时发现，报得多，收得少，有一些村隐瞒了劳动果实。经过逐村做工作，大部分村都如实上报了劳动果实。但据群众举报，神标村还隐瞒了很多劳动果实，是个钉子村。我们看你的工作能力很强，派你去把这个钉子拔掉！”

没有金刚钻，就不敢揽那瓷器活。我有信心攻破这个老大难，但还是很谦虚地说：“葛区长，你先别抱太大的希望，我尽最大努力去试试吧！”

区长葛国臣看我爽快地接受了任务，严肃的脸上绽放出笑容，满意地说：“好，你明天就去神标村吧！”

我是个急性子，干啥都不愿坐慢班车，随即说：“我现在就去做工作。”

我到了神标村，没有找村领导，而是先泡到群众中，与社员促膝交谈，寻找问题的症结，然后再对症下药。我先找到一位群众，亲切地问道：“老乡，咱村里有复员军人吗？”

那人爽快地回答说：“有啊！”

我接着说：“能给我提供一下他们的名字吗？”

那人跟我说了几个复员军人的名字。我找到其中一个叫王合生的，见面寒暄了几句，然后直言不讳地说：“我叫李良杰，也是复员军人，是区里派来谓查隐瞒、私分劳动果实情况的，你看看能不能帮我找几个农会的人来，我想了解一下情况。”

王合生毫不犹豫地说：“中啊！我现在就去找。”不一会儿，王合生就领着两个人回来了。这两个人一个叫王方，另一个叫斗贵。他们俩对村里的情况一清二楚，而且对村干部有看法。

王方对我说：“李同志，你能找到我们，就是相信我们，我们一定如实反映情况。要说私分劳动果实的事，别的不说，村西边有条河，河边有六十多棵两搂多粗的树，就是一笔不小的财产，都被干部私分了。”

斗贵接过话茬说：“我们村里拆了两座楼，拆下来的砖干部们都分了，现在砖在谁家，有多少块，我都知道。村里还有两匹骡子一匹马，也都分给干部或跟干部走得近的人了。”

我又让王方找来两个人，问了一些情况后说：“今天晚上，我组织召开村干部和老农联席会议，你们都参加。会上，你们别多说，针对村干部想不到的地方提一两条，先揭揭盖子，看看村干部的反应再说。”

天黑的时候，我找到神标村的村长王朝玉说：“王村长，我叫李良杰，是葛区长派来的。晚上咱们召开个干部和老农联席会议，你通知村干部和农会里的人来参加会议，群众想来的也可以参加。”

王朝玉说：“好！我马上去通知。”

晚上，村长王朝玉、村主任王清民、村会计唐乃福、村民兵沈录和农会人员王方、斗贵等，以及部分群众代表参加了会议。

我说：“今天晚上，把大家聚在一起开个会，目的是讨论劳动果实分配和隐瞒、私分劳动果实的事情，大家先讨论一下劳动果实分配得是否平均合理吧！”

我话音刚落，下面参加会议的群众就议论开了。王方和斗贵有意引导大家讨论村干部隐瞒、私分财产的事。村主任王清民听着听着就沉不住气了，先站起来，然后干转圈，头上也冒出了汗珠。王清民外号叫“油油”，是个老滑头。我一看火候到了，站起来说：“大家先议论到这里吧！下面让村干部想想，看看是继续讨论下去，还是你们自己说。”

我随即扭过头对村干部一班人说：“你们出去商量一下，拿个意见吧！”

几个村干部出去不到五分钟就回来了。这时的“油油”也不“油”了，对我说：“李领导，我们村里是有一些问题，前几次区里来，我们都没有说，这回你来了，我们几个掂着布袋底往外倒，一点都不留。”

几个村干部一边说，我一边记录。我没有上过几天学，斗大的字识不了两布袋。有的字不会写，就画图形、记记号，画个长方形代表砖，画个伞形代表大树。村干部说到一个叫老挑的人时，我不知道挑字怎么写，就画了一个小人，担了两桶水，同时还给小人加了几根胡子。村干部说完后，我问群众：“还有别的问题吗？”

群众纷纷说："没有了，他们说得比我们想得还齐全。"

第二天上午一上班，我就找到区长葛国臣汇报工作。葛区长一拍大腿，伸出大拇指说："良杰啊，你真行！你用什么办法一个晚上就把问题解决了？"

我微微一笑说："我也没有什么灵丹妙药，就是按毛主席说的，发动群众，依靠群众，走群众路线。"

葛区长看到我的笔记本上有一个人担着两桶水，就问我说："这个是啥意思？"

我害羞地说："俺不咋识字，这是画的记号，这个人住神标村西南角，叫老挑。"

葛区长听后不禁哈哈大笑："哦，你可真会记笔记啊！"

新事新办娶新娘

在区里当社力干了一个多月，县粮食局扩大队伍，想招一批复转军人，我被他们选中了，先分配到田氏乡粮管所当工人；因为工作努力，又被调到滑河屯粮食收购站当站长；由于成绩突出，又被调到楚旺镇粮食分局，不到半年就来了个三级跳，工作上顺风顺水，也很顺心，但个人问题迟迟不解决，却引起了母亲的忧愁和亲友的牵挂。南萍走后，我感到自己有点绝情，为此深感内疚，也没了找媳妇的心思，谁介绍对象也不答应，只是一门心思扑在工作上。

10月的一天傍晚，李正文在街上和我碰上了，按辈分我得管他叫“爷”，他邀我到家里坐。他是位教书先生，年纪七十开外，在村里说话很有分量。老先生语重心长地对我说：“良杰啊，人生一世，草木一秋，草木留根人留后。你不娶媳妇可以，但想过你爹没有？你爹英雄了一辈子，千辛万苦把你两个叔叔和一个姑姑拉扯成家，又含辛茹苦地把你抚养成人，最后把一切希望都寄托在你身上，你要是不娶媳妇，就没有负起家里传宗接代的责任，对得起你爹吗？希望你好好想想我的话吧！”

我听后低头不语，停了好大一会儿，抬起头说：“爷，我心里很乱，您让我好好想想。”

从李正文家走出来，我望着苍茫的夜色，没有一丝睡意，于是漫不经心地随意走了起来。时值深秋，地里的庄稼已经收获完了。走在空旷的大街上，街两旁树上的叶子几乎落完了，光秃秃的。偶尔有留恋在枝头不肯飘落的树叶，被一阵寒风吹过，也很无奈地离开了相伴的枝头，飘飘悠悠，落在大街上、屋顶上、院子的角落里。

我沿着大街，走出了村子。村东头路两边栽种的是桐树、杨树。月亮透过树梢，将月光散落在我的身上，散落在路面上。我沿着高低不平的乡间小路，不知不觉地走到了村里的墓地。我抬起头，看着一个个隆起的土丘，下面就是自己先人安居的地方。恍惚间，我看到了父亲那伟岸的身躯，他脸上胡须雪白，嘴巴张了张，却没有说出话来。当我想喊父亲时，父亲却扭身走了。我清晰地看到，父亲扭身时，擦了一下眼角的泪水，脸上露出失望的神色。

我回到家，听到母亲的抽泣声，便过去问道："娘，你怎么了，是不是身上不舒服啊？"

娘回答说："我刚才梦见你爹了，我好久没有梦到过他了。你爹高高的身躯，雪白的胡须，一脸失望的表情，眼里噙着泪花。在我和你爹相处的十几年里，除了你被抓到日本的时候，就是天大的难事，他都没有流过泪，更别说大哭了。你爹对我说，他知道你还活着，很高兴，他想让你早点成家。"

我听母亲说完，心里想：世上竟然有这样神奇的事情，父亲在九泉之下依然挂念着儿子。我在母亲的床前蹲下说："娘，我一定成亲，不让爹再牵挂了。"

村里有很多人为我的婚事操心。我同意找媳妇的消息传出去后，为我提亲的媒人络绎不绝，踏破门槛。在农村找对象讲究门当户对，我虽谈不上英俊，但也是一个身强力壮的男子汉，又是复员军人，思想上要求进步，长相一般的女人她们不给我介绍，地主、富农家的女儿她们也不给我介绍。

一天，邻居天仁嫂对我说："兄弟，俺娘家窦公集西街有个闺女，人不但长得漂亮，而且有文化，今年十八岁，家里没有父亲，有母亲和哥哥，如果你愿意，我去给你说和说和。咱先说，我只是牵牵线，见面后你们自己谈，成了最好，不成也没啥，但是我希望你们两个能成，一个英雄，一个美女，美女配英雄嘛！”

天仁嫂领着我来到这位姑娘家，一进大门，就指着那姑娘让我看。此时，那位姑娘背对着我们正在纺棉花，身上还沾有棉絮。看着这个勤快姑娘的背影，我一下子有了好感。天仁嫂进去和姑娘的母亲说了几句话，便让我去西屋坐。姑娘的母亲也把正在纺棉花的女儿叫进屋里。

姑娘一进门就落落大方地说：“你来了？”

我点点头说：“来了！”

这时，我从正面看清了姑娘的容貌：圆脸盘，大眼睛，脸庞和神色酷似六六姐，但似乎没有六六姐高（其实是我视角的原因，我感觉六六姐个子高，是因为那时我还小，现在我已经长成一米八的高个子了，再看一般人就觉得矮了）。因为长相像六六姐，所以我对姑娘有了好感，就没话找话地说：“我叫李良杰。”

姑娘点点头说：“俺叫王秀梅。”

我又说：“你娘身体好吧？”

王秀梅说：“好！”

我又说：“对咱俩的亲事，我没有意见。”

王秀梅随即说：“我也没有意见。”

我说：“你先别着急答应，俺家就俺娘俩，俺娘年纪大了，啥事都不管，我一个人说了算。你家还有母亲和哥哥，你再和家里人商量商量，听听他们的意见，回头你再给我个准信。”不到半个小时，这场相亲就结束了。

天仁嫂在院子里见到我就问：“兄弟，亲事怎么样？”

我说：“我没有意见，只要她同意就行。”

天仁嫂说：“人家姑娘也没有意见，既然你没有意见，我就给人家回信了。”

天仁嫂就对姑娘的母亲说：“孩子俩都没有意见，亲事就算定下了，你们商量什么时候结婚吧？”

姑娘的母亲说：“让他们两个商量吧！”

天仁嫂就对我说：“你和姑娘两个商量什么时候结婚吧！”

我对王秀梅说：“俺家只有两间房，俺娘睡里屋，我睡外屋，下雨不漏，刮风不透，但不能涨大水。”

王秀梅说：“我不在乎穷富，穷，穷过；富，富过。你看什么时间结婚？”

我说：“什么时间都可以，明天也中。”

王秀梅说：“那就明天吧。”

我接着说：“咱们结婚不骑马，不坐轿，不收礼，不举行什么仪式，来个新事新办。我借一辆自行车，明天 8 点，你到马固桥上等我，我载你去石盘屯乡的区民政所登记。”

第二天早晨 8 点，我按时赶到马固桥，王秀梅准时赴约，已在桥上等我了。我让王秀梅坐在自行车的后座上，把她带到了石盘屯乡区民政所。

民政所负责结婚登记的工作人员叫张挺领，清丰人，和我熟悉。他跟我开玩笑说：“良杰啊！上哪儿找了个这么漂亮的老婆啊？我赶快给你登记。”

张挺领填好结婚证说：“这一张结婚证是两毛钱，两张四毛钱，你不能让人家掏啊，得自己掏。”

我说：“中，我自己掏。”说完就要掏钱。

张挺领说：“你也别拿了，我替你拿吧。”

我急忙说：“是你结婚还是我结婚啊？”

张挺领说：“当然你结婚啊！”

我说：“我结婚怎么能让你掏结婚证钱啊？”

张挺领说：“那就等于我给你送一份薄礼吧。”

听了这话，我也不好再争执了。

我带着王秀梅回到村里，村里人看到我载着一个年轻漂亮的姑娘，便问我：“你带的是谁啊？”

我说：“新婚的妻子。”

村子里的人好奇地问：“你们这就算结婚啦！有没有请戏班子，准备办多少桌酒席啊？”

我说：“我们是新事新办，在部队，首长们结婚也是这样，一切从简，办好结婚证，请大伙吃些喜糖、瓜子，就算结婚了。”

村里人对我这样结婚没有意见，但几个堂兄、堂弟不答应，认为不能这样简简单单。天仁哥带头说：“兄弟，今晚是你大喜的日子，咱得热闹热闹，你不用管，我们哥几个去请戏班子来祝贺。”

李大晁村有乐腔窝班，隔河相望的马固村有一班唱高调的，戏班子之间有联系，如果专门去请需要收费，但戏班子请戏班子是朋友之间互相帮忙，不说钱的事。本村的戏班子听说我结婚，赶紧集合演出，同时又捎信让马固村的戏班子赶过来一起祝贺。我的堂兄、堂弟你拿鸡蛋我提酒，你切肉来我炒菜。大伙一起忙活了一阵子，倒腾了三桌酒席。虽说戏班子不要钱，总得让人家打打尖，吃个饭吧。我拿出五元钱让天仁哥买来蒸馍、瓜子、糖果、烟。两个戏班子热闹了大半夜才散场。

古人讲，久旱逢甘霖，他乡遇故知，洞房花烛夜，金榜题名时，是人生的几大喜事，但我这一天没感觉多高兴，只感觉很劳累。戏班子的人走了，闹洞房的人也走了，屋子里静悄悄的，连掉在地上一根针都能听到。累了几天的我们吹灭油灯，上了炕，屋外忽然传来你挤我扛的声音。我知道，那是外面的人在听房，心里说：“你们愿意听就听吧！”

本来我就不能喝酒，这天喝了几盅喜酒，加之一天的奔波劳累，很快就进入了梦乡。

第二天，村里就传开了：“听房的一班人是傻子，在外面冻了一夜，什么也没有听到。”就这样我和妻子从认识、恋爱到登记结婚，只用了两天时间，也算解决了自己的人生大事。

调邮局以工代干

我刚熟悉了粮食系统的工作，突然接到县里通知，点名要我去县邮电局上班，理由是县邮电局缺乏专业技术人才，求贤若渴，而我在部队是通信兵，专业对口。尽管粮食局不愿意放人，但县政府要调人，也只能无条件服从。

过了元宵节，我就去县城邮电局上班。我来到邮电局，第一个工作是电话组的电话工。当时，电话组只有3名工人。组长王同，楚旺镇人，是个老工人，技术好。我上班的第三天，局长张纪如来到电话组，说："从今天起，你们电话组改为电话班，你任班长。"

我觉得自己是个刚上班的新兵，当班长不合适，于是推辞说："张局长，还是让老工人当班长吧！"

张纪如说："你也不是新工人啊！你在部队就是电话班的班长。"

我在部队习惯了"军人以服从命令为天职"这句话，于是走马上任了。

当过兵的人，都有一股不怕苦、不怕累的工作劲头，况且在部队我就是干电话通信的，一般工作可以说是驾轻就熟，遇到疑难问题、新问题我也不退缩，工作上不但刻苦钻研，而且一直踏实肯干，很快受到领导和同志们的好评。局领导把我作为重点对象培养，派我到开封邮电学校学习充电半年，回来后任命我为电信指导员，相当于行政股长。

当时，县里要求乡乡通电话，我积极响应，加班加点设计线路，亲自带人现场勘查丈量，做木杆、拉桩、交叉、双拉、四方拉的预算。这些前期工作完成后，就交给电话班施工。按说施工就不用我去干了，可我不放心，为了抢时间、赶进度、保质量，仍跟着他们运木杆、立木杆、架线，全程参与。绑拉线是个技术活，我比别人绑得又快又好，8 号铁丝在我手里就像软面条，运用自如，想怎样绑，就怎样绑。

卫河是海河的主河道，流经内黄县六个乡镇。架设跨越卫河的电话线，既艰苦，又危险。河两岸需要立 60 米高的电线杆，电线杆立起来后，还要两个人同时上去把线固定好。上电线杆不能穿铁鞋，电线杆两面对称钉了两排铁钉，需踩着铁钉爬到电线杆顶端。有恐高症的人不敢上，电话班只有一个叫薛宝的敢上。我在工作上处处带头，给同志们做出表率，于是亲自上电线杆架线。电话线需要先固定在一个杆上，然后另一个杆上的人再拉着线固定好。拉线需要三百斤的力气，我让薛宝先固定好，自己再把线拉起来，看垂度合适了就绑好。高处不胜寒，有时别看地面没有风，在六十米高的电线杆上，耳畔的风像有人吹口哨一样“吼吼”直叫．但习惯了也就不怕了。很快我就适应了，而且悠闲自得，偶尔还潇洒地抽一支烟。由于无法遮风，烟很难点着。但这难不住我，我在高空判断好风向后，面对风向，从新买的火柴盒里抽出四五根火柴并在一起，把烟放在火柴的跟前去擦火柴，趁火柴刚燃着的时机，猛吸一口，风随即把火柴吹灭，同时我也点着了烟。

在邮电局工作的几年里，我是月月得奖状，季季当模范，但家里的事都托付给了母亲和妻子。

刚结婚那阵子，老院子是土垒的墙，一遇大雨便全坍塌了。我在县邮电局上班，没空回家。妻子白天在农业社参加劳动，晚上一个人和泥垒墙，把院子收拾得利利索索。别人都夸她巾帼不让须眉，说："秀梅和良杰一样能干，日子一定会越过越好。"

一次我从县城回到家里，看到妻子姣美的脸上露出羞涩的笑容，于是说："有啥好事啊，今天恁高兴？"

妻子低着头小声说："他爹，我有了。"

我听到妻子说"他爹"，起初没明白是怎么回事，对这个奇怪的称呼感到纳闷，忙问道："你怎么了？"

妻子嗔怪地在我身上轻轻捶了一下说："我有了，你要当爹了。"

此时，我才明白过来，小声地问："我怎么没有看出你身体的变化啊？"

妻子说："才一个多月，你怎么能看出来啊！"

1956年8月，瓢泼似的大雨一连下了三天三夜，黄河发怒了，河水咆哮了，卫河决口了。洪水包围了县城，四百多个村受灾，其中特重灾村一百多个，受淹一百多万人，淹地近二十万亩，倒塌房屋一万余间。窦公乡三河环抱，地势低洼。卫河在窦公乡转了一个方向，由北向东，继而转向东北；洹河自西向东，出窦公乡汇入卫河；岳飞河是卫河的一个支流，经过窦公乡南部几个村子，又流入卫河。三条河流都满槽了，窦公乡一片汪洋。

家里发大水了，房屋泡在水中，没法住人，我把年迈的母亲和怀有身孕的妻子接到内黄县城。局领导听说我的家属要来，提前让人收拾好两间库房，用作临时住宿。洪水过后，家里的房子也被泡塌了。我回家收拾房子，让临近分娩的妻子住到窦公西街娘家去。

1956 年 9 月 23 日，在屋外等候的我坐立不安，来回踱步，偶尔还搓一下放在哪里都不是的双手，眼睛不时地看一下虚掩的房门。门外站着的小姨子看见我头上冒出汗珠，便打趣道："姐夫，我姐生孩子，你又使不上劲，你出什么汗啊？"

我此时无心接小姨子的话茬儿，不时把站定的身子拧成一个圈。

"哇！"一声嘹亮的婴儿啼哭声从屋里传出，我躁动不安的心总算平静了一下。接生婆从屋里出来，看见我说："良杰，恭喜！恭喜！你家添了个麻糖篮，以后不愁有麻糖吃了。"

我感激地对接生婆说："二婶，您辛苦了！"

我走进屋里，让妻子把闺女放在自己和妻子之间，脸上露出初为人父的喜悦，用手轻轻抚摸着闺女细嫩的脸蛋说："叫爹。"

妻子嗔笑着说："才出乍的孩子，咋会叫爹啊！你慢慢等着吧，到时候咱闺女就会叫了。妮他爹，你见过大世面，给孩子起个好听的名字吧！”

我看着刚才还闭着眼睛，忽然间睁开了双眼的女儿，一双乌黑的大眼，扑闪扑闪望着自己，对妻子说：“你看咱闺女多聪明，听你说让我给她起名字，马上就睁开眼了。我听娘说我小时候让爹起名字时，我正睡觉，突然大哭起来，就给我起名字叫孬小。在我心目中，俺爹是一位大英雄，咱闺女就叫丽英吧！”

妻子问：“哪个丽啊？”

我说：“美丽的丽。”

妻子有所感悟：“你的意思是，咱闺女是李家美丽的英雄？”

我对妻子说：“你真聪明。”我顺手想拍一下妻子。

妻子赶忙说：“别碰着了闺女。”

我低头看闺女，闺女已经进入了梦乡，脸上洋溢着满意的笑容。

欢乐的时光总是过得很快，转眼间，女儿已经会跑了。每个周六的下午，我总是骑上绿色的永久牌自行车，出县城西门，直奔二十三里地外的李大晁村。我的女儿丽英出来迎接我，就犹如一只欢快的小鸟，两个胳膊像扇动的翅膀一样扑到我温暖的怀抱里。这时的我笑眯眯地从车兜里掏出各种各样的糖果，边往女儿手里塞边说：“给你奶奶送去，给你娘送去。”

妻子总是倒上一盆洗脸水，说：“英的她爹，洗把脸吧。”

每当我听到妻子叫我“英的她爹”时，就会想起没有女儿时，妻子总是喊我“唉”。

我把女儿抱到腿上，逗女儿玩，妻子在一旁做些针线活，脸上时而露出甜蜜的红晕。

水灾中村里大部分房屋被泡塌泡坏，没有房子，人们怎么过冬？在国家的帮助下，灾区农民开始了灾后重建，收完大秋后，社员们就大兴土木，对房屋进行拆旧翻新，我也把家里泡坏的正房拆了，盖了三间一砖到顶、起脊的瓦房，没等房子全干，就搬进了新房。此时农村在搞合作化，由初级社合并成高级社，人多了，地多了，产量一年年增加，社员生活一天天变好，人民的心气也越来越高，《社会主义好》的歌声响遍神州大地。

在改革开放的大潮中

在特殊的年代，面对各种风波，我辞掉了在县里的工作，回乡务农。时间如白驹过隙，1978 年年底，党的十一届三中全会在北京召开，吹响了改革开放的号角，人民公社解体，农村普遍实行了家庭联产承包责任制，并号召农民发家致富。中国第一次出现了“万元户”这一新名词，我也由专一务农，开始涉足商业。

涉足商海初探路

党的十一届三中全会后，国家制定了一系列搞活农村经济的政策，社会主义市场经济逐渐繁荣。这时，我已到了知天命之年，一向坚持听党话、跟党走的我，看着改革开放的火越烧越旺，再也坐不住了。我同妻子王秀梅商量说：“现在国家让农民富起来，你看，我种地没有经验，又没有什么手艺，不像别人会打铁、会木工、会建房，我去做买卖吧？”

妻子爽快地说：“好啊，咱做大买卖没有本钱，就做点小生意，我会使秤，可以帮你。”

我说：“我先出去了解了解市场，摸摸行情，看看什么买卖好做。”

妻子不解地问道：“那你上哪儿去找买卖啊？”

我胸有成竹地说：“我先去安阳吧！我去的时候拉个排子车，能找到买卖就做买卖，找不到回来时拾一车子粪，上到地里也能多打粮食。”

妻子觉得我说得有理，就点头应允了。

说干就干，我干啥都不坐慢车。第二天，我带着妻子给我新蒸的黄面馍和咸菜，拉着排子车，车上放着拾粪工具，到安阳去找买卖。一路上，我边走边观察、了解情况，看到有人收破烂，就和人家交谈说：“大哥，你收破烂一天能挣多少钱啊？”

收破烂的说：“多少不等，一天有时能挣三四块，有时一分也挣不到，个别时候还能挣几十块。”

我吃惊地问道：“怎么差别这么大啊？”

收破烂的说：“一天不开市的情况不多，偶尔遇到有人从厂里拿出来的废铜烂铁，就能多挣。”

听后我恍然大悟。

在安阳钢铁厂生活区，我看到有个修鞋的，和人家攀谈起来。

谈话中，我知道了修鞋的是石盘屯乡赵固村人，是我的老乡，于是觉得格外亲切，说话也比较随便。我问道："老乡，修一天鞋能挣多少钱啊？"

修鞋的说："大概五块钱吧。"

我听了后说："挣的不少啊！一个月就能挣一百五十块。"

修鞋的说："挣不了那么多，除去阴天下雨，或者有什么事，一个月平均下来也就百十块钱吧！"

我满足地说："那也不少啊，县委书记一个月工资还不到一百块呢。"

我在安阳转悠了几天，最终觉得还是收破烂和修鞋最适合自己，这两个生意中又比较倾向于收破烂，因为我觉得自己还不算太老，整天坐在那里修鞋没有什么意思。我拿定主意后，决定先到安阳市西边水冶镇拾一车子粪，然后再回来收破烂。

我拾满一车子粪后，到镇上一个贸易市场转悠，看到市场上有卖粉面的。因为我们村也生产粉面，所以就想了解一下粉面的行情。我上前问道："师傅，你的粉面多少钱一斤啊？"

卖粉面的回答说："五毛。"

我讨价还价道："贵了点吧，能便宜点吗？"

卖粉面的说："给你便宜二分钱，四毛八。"

我说："不能再便宜点儿吗？"

卖粉面的说："你能要多少啊？"

我说："我把你这一车粉面全要了。"

卖粉面的说："量大可以便宜，但最少不能低于四毛。"

我说："我今天没有带钱，也没有带车子，回家准备一下，回头来找你吧。"

回到家，我对妻子秀梅说："我找到买卖了。"

她说："啥买卖？"

我说："卖粉面。咱这里粉面三毛钱一斤，拉到安阳县水冶镇，零卖四毛八，成车开给人家最低四毛。"

妻子秀梅惊讶地说："差距这么大！那咱就卖粉面。"

我说："先把咱家的粉面卖了，看看怎么样，行的话，咱再倒卖粉面。"

妻子秀梅说："你这个主意好，这样没有多大风险。"

我说："咱俩把粉面重新过一遍箩，把杂质过滤出来，一定保证咱们的粉面质量。"

过箩后，家里的粉面共装了十二编织袋，每袋有百十斤，大约有一千两百斤。

贤惠善良的秀梅说："咱俩一起去吧！你都快五十岁的人了，我给你拉个帮套，也能多少轻松一点！再说两个人也能互相照应。"

我看妻子执意要去，就同意了。我俩拉着一车粉面，车上盖着防雨的塑料布，带着铺盖、行李出发了。

秀梅生怕我累着，一路上一直不惜力地拉着车子。我说："你不用使那么大的力气，我一个人能拉得动。"

秀梅说："我多用点力气，你就能轻松一点啊！"

我们俩有说有笑，不知不觉一口气拉了二十多里，到了安阳吕村，停下来歇了歇脚，吃了些早饭，然后继续赶路。没出过远门、走过长路的秀梅，没到安阳，两只脚上都打了泡，疼得无法走路。这时，我只好把车子上的粉面整理了一下，把带的铺盖铺好，让妻子躺在粉面上面，自己拉车。妻子躺在上面寂寞，要我给她讲故事。我就讲《梅花党》，讲《一只绣花鞋》。说着走着，走着说着，不知不觉夜幕降临了，离水冶镇只有四五里地了。秀梅说：“公路边有家车马店，咱们住店吧？”

我看了看说：“不住店！”

秀梅不解地问：“为啥？”

我回答道：“明天咱得赶早集，去晚了就没人要粉面了。你看啊，车马店离公路至少一百米远，从店里出来上公路是上坡，你又不能帮我推车，我一个人拉不上去，早晨起来去哪里找人帮忙？咱就在马路边，找一个宽敞、干净的地方睡，明天早点起来去市场吧。”

于是，我们两人在马路边找了一个地方，把车子停好，把带来的塑料布展开，蒙在车子上。为防止刮风，又找了几个砖头，压在塑料布的四周，将车子围了个严严实实，然后把带来的草苫铺在车子下面，铺上铺盖，两人和衣躺下。奔波劳累了一天的我们，很快就进入了梦乡。

第二天，天刚蒙蒙亮，我就被过路的人吵醒了。我叫醒妻子说：“咱们也起来赶早市吧。”

我起来掀开塑料布一看，外面下了三四指厚的雪，就对妻子说："外面下雪了，你先等我收拾好了再起来吧！"

秀梅说："我起来帮你一块儿收拾！"

我们两人把塑料布上的雪抖掉叠好，拉着车子上路了。休息了一夜的秀梅，脚也不那么疼了，凑合着可以走路了，关键时候还能帮着推一把。

到了贸易市场，我找了个地方，把车上的粉面袋子搬下来两袋，放在车旁，解开袋口，等待有人来买。不一会儿，赶早市的人多了起来，不时有人打听粉面价格。到了太阳一竿子高时，我已经零卖了一些粉面。这时，走来一个中年男子，看到我卖的粉面又干净又白，用手捏了一捏，放到嘴里，用牙咬了咬，没感到有杂质，觉得不牙碜，就问道："你这粉面怎么卖啊？"

还没等我搭腔，妻子秀梅就快言快语地说："五毛一斤。"

中年男子说："嫂子，你别说五毛了，我是水冶供销社的，说个实落价钱，这一车大概有千把斤，我都要了。再说，你给我拉到店里，过完秤，我立马给你钱，你可以赶紧回去再拉粉面，我还要。"

妻子秀梅说："这样，那就四毛八。"

中年男子说："那不中，我买回去，没有利啊。"

妻子秀梅说："最低四毛五一斤。"

我看中年男子犹豫不定，就搭话说："同志，您贵姓？"

中年男子说："我姓李。"

我笑着说："我也姓李，咱们还是老本家呢！缘分啊，你也说个价吧，八九不离十我就卖给你了。”

中年男子说：“四毛，买回去我卖五毛，再分分秤，还得损耗点儿，一斤也挣不了几分钱啊。”

妻子秀梅一听四毛，急忙道：“四毛不中，俺都卖五毛呢！”

中年男子说：“嫂子，你是零卖，在这里一天能卖多少？你一下子开给我，再去拉几趟，薄利多销啊！”

我听了中年男子的话，心里也盘算了盘算，就说：“你也别说四毛，她也别要四毛五，都让点利，四毛二，你看看合适不合适。”

中年男子说：“老兄，我看你也是实在人，就这个价了，跟我去过秤领钱吧。”

一车粉面卖了近五百元。我对秀梅说：“粪不拾了，咱赶紧回去，买粉面，然后再来这里卖。”这天是1979年农历十一月二十六。

我和妻子回到村里，按照三毛的价格开始收购粉面。我们将收购的粉面先过箩筛去杂质，这样可以抛撒掉一些，卖四毛二，实际上一斤赚一毛钱。后来都是我自己去了。我们收购和去杂质需要一天，一去一回得两天，三天卖一趟粉面。很快到了腊月二十九，我又装了一车粉面要去水冶。

妻子秀梅说：“明天就是大年三十，别去送了，你也歇歇吧！”

我认真地说：“那不行。做人要真诚，做生意要讲信用。人家水冶供销社说好让我年前送三车，已经送了两车了，这一车不送过去，咱就失信了。”

胳膊别不过大腿，妻子秀梅只好说：“你非要去，我明天跟你一块去。”

我说：“你甭去了，家里有老有小，都得你照顾。你只管包好饺子，明天半夜我就回到家了，误不了吃初一起五更的饺子。”

为了和家人团聚过春节，这一趟我赶得紧，到深夜一点就赶到了家。

过罢破五，正月初六我又开始往水冶拉粉面，一直拉到元宵节。这时，水冶供销社的人告诉我，粉面够用了，不再收购了。

我卖完最后一车粉面，没有和往常那样急着回家，而是到水冶镇街上看看能再找点什么买卖。转悠到水冶瓜果市场，我发现市场上正在收购梨，就走上前问：“同志，你们这里收购梨啊？”

负责收梨的人是个老年人，回答道：“是啊！”

我问：“这些梨都是从哪里收来的？”

老人回答说：“从河北魏县收来的。”

我说：“我也想贩卖梨，你看中不中？”

老人说：“可以啊！”老人是个热心肠，他给我详细讲解了收梨的标准和运梨过程中需要注意的事项。

我没有回家，从水冶先到内黄田氏镇，然后直奔河北魏县。从此，我开始从河北魏县收购梨往安阳水冶贩卖，梨贩完了贩卖鲜桃，一直卖到小麦稍黄时，才回村准备夏收。五个月的时间，我挣了六千多块，加上卖粉面挣的钱，离万元户的目标已经不远了。

最后一趟卖完桃回家，我又拾了一车子粪。我拉着粪车，来到安阳市北关人民大道，看到两边正在建房子，地上扔着很多水泥袋，便又寻思起收破烂的事。我边走边看，忽然发现路边的电线杆上贴着一条广告，就停下车来看，这一看便产生了兴趣，改变了人生轨迹。

朗朗乾坤岂容妄为

电线杆上的广告很醒目，用红纸黄字写着进口影片——美国电影《美国车队》《佐罗》，印度电影《流浪者》，日本电影《望乡》。那个日本电影《望乡》一下子吸引住了我。我虽然在日本当了一年多劳工，但并不了解日本的社会状况，想看一看日本电影，了解一下日本到底是什么样。我把粪车停在来安阳常住的郭家村车马店，问店老板说："附近有电影院没有？"

店老板说："出门往北一拐，就有电影院，往南拐也有。"

我到两个电影院看了看，结果都不放映进口片。后来，我通过电影院的人了解到，小西门红光电影院放映进口片，于是就赶了过去，一看十分扫兴，正在放映的是《美国车队》，三天后上午十点才放映《望乡》。

我想：这一段跑贩运挺累的，反正回家也没有什么事，干脆找个旅店歇几天，看过《望乡》再回家。我出了红光电影院，向南走了不远，发现有家小旅店，里面还有食堂，就住下了。

我住的房间一共四张床，靠北两张，靠南两张，其中一张床上住着一个三十多岁的中年人。我主动同他打招呼：“同志，贵姓啊！”

那人回答道：“免贵姓胡！”

“哪里人啊？”我又问道。

“浙江人。”说完他继续躺在床上休息。

到了开饭时间，我说：“胡同志，走，吃饭去！”

他无精打采地说：“你先去吃吧！”

我吃罢饭回到房间，看到他正坐在床边，手里拿着个馍在吃，旁边放着一碗白开水，心里很纳闷地问：“胡同志，听说你们浙江是鱼米之乡，生活很富裕，每顿饭都是几个菜，你怎么啃凉馍喝白开水啊？”

这一问，他顿时眼里噙满了泪花。

我感觉不对劲，就说：“胡同志，咱们能住在一起也是缘分，你有啥难事儿就说吧！俺是当地人，看能不能帮你。”

他听了我的话，激动地说：“我叫胡乾浩，是浙江余姚市慈溪县白沙镇纺织厂的业务员。我们厂里给安阳发了一万件羊毛衫，每件10元，价值十万元，当时签有合同，货到付款。货发到安阳后，来接货的人叫杨水军，是范县东关校办工厂业务员。他说货没有发到地方，发到范县才能付款。我来时没有带那么多钱，就让杨水军先把拉货到范县的运费垫上，到付款时再扣除。到了范县，卸好货，天已经黑了。杨水军说银行已经下班了，给我找了个地方，让我先住下。第二天，我们去银行，银行星期日没有营业。等到星期一，杨水军告诉我，钱没有到账，等钱到账了，马上给我。就这样，杨水军让我等了一年零四个月。这一年多来，我一直找杨水军要货款，他软磨硬抗，开始让我等，后来又要赖说我们的货有质量问题。我一个外地人也没有什么办法，只好天天找他。找烦了，他骗我说，他到安阳办事，让我到安阳找，来到安阳，就再也找不到他了。厂里一直催这批货款，等着还银行贷款。因为我没有要回货款，银行要起诉工厂，厂里停产了，工人也解散了。我身上的钱已经花光了，只剩杨水军给的五十元回家路费，二十多天的旅店费也没钱结。每天等别人吃过饭，我就到别人屋里转转，捡一些啤酒瓶，卖了换馍吃。”胡乾浩带着无比悲痛的心情，一口气说完了自己一年多来所受的委屈。

听了他的诉说，我非常气愤，便说：“你不会到法院告他啊！”

胡乾浩一脸无奈地说：“我在这里人生地不熟，啥法都想了，不顶用。李大哥，我看你是个好心人，一定要帮帮我啊！”

我看着胡乾浩可怜巴巴的样子，心里想：在共产党的领导下，光天化日，朗朗乾坤，竟然有人这么大胆妄为，出来诈骗，把一个好好的企业搞垮，宁可不看《望乡》，我也要管管这个闲事，帮胡乾浩一把。况且看《望乡》要等到三天以后，这三天正好没事啊。想到这里，我问胡乾浩说：“去范县几点有车？几个小时能到？当天回安阳有没有车？”

胡乾浩说：“凌晨5点就有车，上午10点能到，下午3点有回安阳的车。”

我站起来说：“乾浩，明天我跟你去一趟范县，找找那个杨水军。”

胡乾浩感激地说：“那太好了，谢谢李大哥！”

我接着说：“走，先去吃点饭，不能饿着肚子啊！”

胡乾浩赶忙说道：“李大哥，我不饿，真的不饿！”

我看胡乾浩执意不肯去吃饭，知道他爱面子，不好意思跟我去吃饭，于是就到外面要了两大碗肉丝面，端来让胡乾浩吃。胡乾浩感动得不知说啥好，狼吞虎咽，一口气把两碗面吃完了，连汤也喝了个精光，然后抹了一下嘴说：“李大哥，这是我三个月以来吃得最饱的一顿饭。”

我从兜里掏出五十元钱，说：“乾浩，收下，预备买饭吃。”

胡乾浩以坚决的口气拒绝说：“李大哥，你能帮我，我就感激不尽了，怎么能再要你的钱呢？”

我以命令似的口气说：“叫你拿着就拿着！算我借给你的，等你有钱了再还给我。”

胡乾浩一看实在推脱不了，只好接了钱。

第二天凌晨5点，我和胡乾浩坐上车，上午10点到了范县，又步行了五里路，到了杨水军的家。我看到院子里有个老大娘，估计是杨水军的母亲，就走上前去说：“大娘，杨水军在家吗？”

老大娘没有好气地说：“还没有起床呢！”

这时，杨水军听到院子里有人说话，就从屋里出来了。胡乾浩指着我说："这是俺厂的李厂长。"

杨水军假装客气地伸出手，同我一边握手一边说："李厂长来了！"

我仔细打量着杨水军，三十多岁年纪，衣冠楚楚，仪表堂堂，心里想：这么年纪轻轻的，怎么就不务正业，整天东骗西骗呢？想着想着，一股切齿的痛恨涌上心头，于是，我使劲握了一下杨水军的手。杨水军疼得"哎呀"一声，一下子蹲了下去。

我没有撒手，拉着杨水军的手往上一提说："坐吧！"

杨水军龇牙咧嘴地坐在板凳上。

我厉声问道："俺厂里的货款呢？"

杨水军胆怯地回答道："货还没有卖。"

我说："货在哪里？"

杨水军一口气说了十一个地方。

我让胡乾浩把每个地方一一记下，又问道："货卖了多少钱？"

杨水军说："6000多块。"

我说："钱呢？"

杨水军说："我都花完了。"

我说："杨水军，你听着，你花的钱我就不再追究了，剩下的货我要拉走。"

杨水军战战兢兢地点头说："中。"

"乾浩，你跟着杨水军把货都收齐了，雇个车拉到安阳旅店，我在那里等你。"边说，我边掏出三百五十元钱递给了胡乾浩，

“这是运费。”

我把一切事宜向胡乾浩交代好，当天就回到了安阳旅店，第三天看了电影《望乡》。正当我看第二遍时，电影院里的人喊我，说外面有人找。我出了电影院，来到门口，看到胡乾浩满脸喜悦地站在那里。

胡乾浩告诉我说：“剩下的货都收回来了，在旅店仓库放着，一共 9365 件。”

我对胡乾浩说：“你赶快给厂里发电报，让你们的厂长过来，看看怎么处理？”

胡乾浩高兴地点点头，马上发电报去了。

千里寻访送巨款

胡乾浩发电报后的第三天，浙江纺织厂来了两个人。胡乾浩指着来人对我介绍说：“李大哥，这个是我们厂长，姓童，叫童天妙；这个是副厂长，叫童尚龙。”

胡乾浩又指着我说：“这个就是我跟你们说的李良杰大哥，是他帮助我把货要了回来，并且给了三百五十元，让我雇车把货从范县拉到了安阳。”

童天妙听后感激地握着我的手说：“李大哥，太感谢你了，走，咱去饭店，我请你吃饭，吃最好的。”说着，他拉起我就要上街找饭店。

我急忙说：“童厂长，你别太客气，我这个人不大喜欢喝酒，再说你们厂里的经济状况也不好，就别破费了，咱们随便找个饭馆，简单吃点就行了。”

童厂长说：“那不行，不找最好的饭店，起码也得找个像模像样的。”

饭桌上，童厂长掏出三百五十元说：“李大哥，这是你给胡乾浩的运费，不能让你帮忙再赔钱。”

我也没客气，接过钱装进了兜里。

童厂长又说：“李大哥，救人救到底，送佛送上天。你帮我们把货要了回来，如果我们再运回去，还不如在你们北方市场销售出去划算。干脆，你帮我们把货卖了算了，你销售一件，我们收九元，给你一元的提成。货卖完了你再给我们钱，货放在这里的仓库费、运输费都由我们掏，你看怎么样？”

我一听，觉得童厂长这个主意不错，互惠互利，就满口答应说：“好，货卖完了，我马上给你们寄钱。不过现在是农历五月，不是销售羊毛衫的季节，最早要到八月才好销售羊毛衫，你们得等几个月。”

童天妙说：“李大哥，没事，我们信得过你，你什么时候卖完了，什么时候给我们钱。”

我说：“童厂长，你看这批羊毛衫要等几个月才能卖，在这里占别人的仓库要拿保管费，我家新盖了七间瓦房，拉到我家里，保管费就不用拿了。”

童天妙说：“李大哥，你这个主意好，又替我们厂省了保管费。”

当天，童天妙三人就回浙江了。等他们走后，我雇了一辆解放牌挂车，把羊毛衫拉回了家。七间瓦房是我用前几个月赚的钱新盖的，还没来得及粉刷，但可以放东西。全家人看到我没有费一分本钱，就拉回来一大卡车货，都很高兴。

我对家人说：“这回咱们有生意做了，人家给我的价钱是每件十元。”

妻子秀梅听我说每件十元，再看看这五颜六色做工精细的羊毛衫，说：“这衣服的价格不止十元，能值十五元，甚至二十元。”

我听了说：“别想那么多，人家纺织厂还在停工呢！咱们别图大利，每件衣服赚个块儿八毛的就行了，抓紧时间卖了，早点儿把本钱给了人家。”

转眼到了7月份，一天秀梅对我说：“你看，还没有进入8月，就有人开始买羊毛衫了，今天我就卖了五件。”

我问妻子：“你卖的啥价格啊？”

妻子高兴地说：“每件十五元。”

我一听就火了，气愤地说：“英的她娘，我一再说不让你超十元，你就是不听话，你把多卖的几块钱退给人家。”

妻子不解地问：“为啥退给人家啊？”

我解释道：“这一件衣服十元，你每件赚一块钱就行了，你说说都是谁家买的羊毛衫，让咱丽英去退给人家四块钱。我要出去干活，你们赶快把羊毛衫卖了，但不能超过十一元。”

妻子爽快地说：“中，英的她爹，俺就按照你说的办。”

农历八月底的一天，我从安阳回到家里，第一句话就是问妻子：“羊毛衫卖完没有？”

妻子兴高采烈地说：“全部卖完了。”

我听妻子说卖完了，非常高兴，又问道：“你赚了多少钱啊？”

王秀梅回答说：“一开始，我让几个孩子在周围的村子、集市上卖，每件十一元，后来卖得便宜点，最后挑剩的几包，十元一件处理了，总共赚了 5000 多元。”

我说：“你把钱给我吧！我赶紧给浙江的纺织厂汇过去。”

妻子说：“给你多少钱啊。”

我说：“一件十元，一共 9364 件羊毛衫，你就给我 93640 元吧。”

我马上给浙江发了封加急电报，内容是：货已售完，速来。

电报很快被退了回来，说查无此人。

接着，我又连发了两封加急电报，同样被退了回来。我给浙江打长途电话，对方回复说纺织厂没有电话。这回我可犯愁了，怎么办？

村里人知道我还钱没有找到人，有人说：“这回老李发大财了！人家都是天上掉馅饼，老李是天上掉下了猪头。”

还有人说：“你找不到人家，不就是你的钱吗？你先用这九万多块做买卖，等将来赚了大钱，再找他们还钱也不迟。”

我说：“人家厂里因为这批货款都停产了，我就是钻天拱地也要找到人家。这钱一分也不能动！”

村里人说：“也不是你不给他们，是找不到他们，无法给。”

我知道自己和村里的人谈不到一起，就不再和他们说这事了。我思量再三，决定亲自把这笔钱送到浙江。主意拿定后，我把手头的零钱都换成十元一张的钞票，九万多元打好捆装进新买的大提包里，还真有点分量。我又把毛巾、牙膏、牙刷等日常用品放在上面，让人看上去像是一个出差的。一切准备妥当，我携款踏上南下浙江的列车。

坐了一天一夜的火车，下车后我又换乘汽车，多方打听，几经周折，才到了浙江余姚县白沙镇纺织厂，看到的却是铁将军把门。只见厂门紧锁，锁上锈迹斑斑，还有一张封条贴在大门上，早已褪了颜色。

我问附近干活的农民：“这个纺织厂的厂长是不是叫童天妙？”

干活的农民说：“是啊！”

我又问道：“他们厂子不生产吗？”

干活的农民说：“早就停产了。”

我说：“知道童天妙去哪里了吗？”

干活的农民说：“知道，他去东阳了，在那里给人家当厂长。”

我说：“那他家在哪里住啊？”

干活的农民说：“离这里不远，就在前面的街上。你去吧，到那里一打听就能找到。”

我边打听边往前走，来到童天妙家里，透过宽大的落地窗玻璃，看到屋里有两个女孩在用机器织毛衣。

年龄稍微大点的女孩看到有人走进院子，从屋里出来问道：“你找谁？”

我回答说：“我找童天妙。”

女孩说：“我爸爸上班去了，妈妈一会儿就回来。”

我向女孩自我介绍说：“我姓李，是从河南来的。”

女孩听爸爸提起过我，于是热情地说：“李伯伯，赶快进屋坐吧。”

我刚坐下，女孩就端来热气腾腾的茶水。

我一边喝水一边问：“家里有保险柜吗？”

女孩说：“有，厂里的保险柜不用了，就放在我家。”说着指了指墙角的保险柜。

我说：“你把这个提包锁进保险柜里，然后去给你爸打电话，就说河南来的李伯伯送钱来了。”

女孩点点头，锁好提包，出门打电话去了。

这时童天妙的妻子回来了，听说我是从河南来的，就说：“李大哥，你在这里慢慢喝茶，我去给你做饭，孩子他爸最快明天上午才能回来。”

第二天上午10点左右，童天妙回到家里，高兴地握住我的手，连声说：“辛苦你了，谢谢！”

我让童天妙打开保险柜，拿出自己的提包，拿去上面的毛巾，将钱倒在桌上说："童厂长，你点一下。"

童天妙惊喜地看着满桌子的钱，激动地说："没想到！没想到……"一连说了好几个没想到。童天妙没想到我这么快就把羊毛衫卖完了，没想到我会亲自把钱送来，没想到河南还会有这么好的人。

童天妙让妻子和女儿数钱。数完了钱，他妻子说："一共93640元。"

童天妙一听钱数，知道我连自己应得的一份都没有拿出来。童天妙把钱锁进保险柜说："大闺女、二闺女，你们俩去通知童肖龙副厂长、保管和会计，让他们赶快过来。"接着又对妻子说："你去找个最好的饭店，叫他们准备一桌咱们这里最丰盛的酒宴，为李大哥接风洗尘。我去镇里把书记、镇长请来，让他们陪李大哥喝几杯。"

镇里领导听了童天妙的汇报，感到我是个奇人，都想见识见识这个仁义豪爽的北方好汉。

宴席上，我坐上首，书记、镇长陪在左右两边。这道南方盛宴用的不是盘子，而是小碗。菜是一道一道地上的，一道菜是上六个碗，共十一道菜，六十六个碗，摞在桌上，像座小山。酒是绍兴的加饭酒，瓶上有获得巴拿马食品博览会金奖的字样。我第一次领略了南方人的盛情。

饮酒间，我很纳闷地问童天妙说："胡乾浩怎么没有过来呀？"

童天妙回答说："他家离这里三十多里地，没有联系上。"

白沙镇的党委书记被我的善举感动，慷慨大方地说："李师傅，今天我们镇的一二把手都在，你的高尚风格让我们十分感动，我代表党委、镇政府及全厂干部职工向你表示崇高的敬意。请你放心，我们用你送来的钱，由镇党委、镇政府马上出面协调资金，尽快恢复生产。你回家就做买卖吧！我们生产的产品全部由你销售，不用先付货款，卖完了再给我们钱。另外，不管是余姚、上虞，还是宁波、奉化，你需要什么货物，就给你发什么货物，我们一定当好你的坚强后盾。”

我激动地说：“谢谢书记对我的信任，希望我们能合作愉快。”

宴会结束后，我和客人们一一握手告别，然后回到了童天妙的家。童天妙拿出一万元递给我。

我说：“童厂长，咱公事公办，按照以前的协议，我只收百分之十。”

两人推让了好长时间，童天妙看我执意不多收钱，就说：“我们给你 9500 元，多的一百多元算你送钱来回的路费。”

我看童厂长把话都说到这份上了，就没有再坚持，只好把钱收下，准备返程。通过这件事，我对诚信的意义加深了理解，正如有人说的那样：

诚信是智慧，随着博学者的求索积累；

诚信是道路，随着开拓者的脚步延伸；

诚信是成功，随着奋进者的拼搏临近；

诚信是财富的种子，只要你诚心种下，就能找到打开金库的钥匙。

商场险恶是非多

我拿到钱后，从余姚坐上汽车，并没有急于回家，而是去考察了一下这里的市场，看有什么合适的生意可做。

我回程考察市场的第一站是绍兴。我到一些市场上转悠了一下，心里没有谱，不知道做什么生意好，就在鲁迅的家乡住了一晚上。第二天，我又来到萧山市场，发现这里经营布匹的很多。布匹和服装联系比较紧密，于是我决定住下来，好好了解一下市场行情。

我身上带着万把块现金，不敢住小旅社，就找了一个大宾馆，要了一个单间住了下来。房间里有柜子，我把钱锁进柜子，冲了个澡，没事了，就想借个指甲剪，剪剪指甲，于是带上房门出去了。我路过一个开着门的房间，只见里面有一个大概五十多岁的男人正和一个年轻女子在说话，于是问道："同志，有指甲剪吗？让俺借用一下。"

年轻女子爽快地回答说："有，拿去用吧！"她一边说，一边掏出指甲剪，出门递给了我。

我含笑点头表示谢意，然后回到了自己房间。送回指甲剪时，我和这两位陌生旅客攀谈起来。

那年轻女子很大方，也很健谈，她说："同志，贵姓啊？"

我回答说："免贵，俺姓李。"

女子接着说："李师傅，听口音是北方人吧，来我们这里干什么啊？"

我一点也不掩饰自己，实话实说地回答道：“我是河南省安阳人，来这里考察一下布匹市场的行情。”

女子一听，急忙笑着说：“咱真有缘分啊！我们就是纺织厂的，生产布匹，这是我们的厂长。”

这时，那男人终于开口了，真诚地说道：“李师傅，我叫王六十，是纺织厂的厂长。这姑娘是厂里的业务员，叫杜根姑。我们厂在花合乡，希望你能去厂里看看。”

我心里想：直接从厂里进货，比在市场上进货既方便，又便宜，何乐而不为？于是我爽快地说：“好的，我跟你们去看看。”

在两位的陪同下，我认真仔细地考察了他们厂的生产情况。我发现这个纺织厂的规模不算小，机器设备也比较先进，生产的布匹不但品种多，而且花样新颖，摸起来布匹的质地、手感也比较好。

在厂里转悠了一圈后，来到厂长办公室，我说：“我这次是来余姚送钱的，顺便考察一下布匹市场，所以没有带手续，不能和你们签合同。”我把事情的经过简要叙述了一下，接着说：“我和余姚那个针织厂已达成口头协议，帮他们代销羊毛衫，卖完付款。”

王厂长听了送钱的事，很感动，直夸我是个好人。他慷慨大方地说：“李师傅，就凭你的人品，没啥说的，我们愿意交你这个朋友。余姚那边能代销，我们这里也能代销。”

我激动地说：“谢谢王厂长的信任，我们相互留个地址，回头再联系吧。”

诚信能交天下友，诚信能行万里船。萧山之行，我不仅考察了市场，而且又找到了新的合作对象，不知是凭自己的真诚和执着，还是靠偶然、靠运气？也许是二者兼有，我涉足商海，初见成效，很快成了闻名遐迩的双万元户。从南方返回中原的途中，根据南方客户的建议，我决定开个公司，做服装、布匹生意。

回来后，我找到乡党委书记，客气地说："我想做点生意，成立个公司，你看政府能帮助办一下手续吗？"

党委书记慷慨地说："现在党和政府允许让一部分人先富起来，你是这一带有名的大能人，能带头勤劳致富，这是好事啊！党委和政府支持你，希望你把生意做大，为咱窦公乡增光添彩！"

有了党委和政府的支持，在有关部门的帮助下，我一路绿灯，很快就办好了各种手续，在安阳市西环城路成立了"内黄县窦公乡经理部"。公司成立后，我分别给童天妙、王六十等人发了电报，告诉他们公司成立了，邀请他们前来洽谈合作事宜，并签订经销合同。自此，我的经理部红红火火地经营起来了。

美丽不需假于粉黛，诚实无须假于笔墨。我帮非亲非故的胡乾浩要回价值近十万元的羊毛衫，并且千里送货款的事，在南方商业圈不胫而走，广东、广西、上海、江西等地一些生意人纷纷找我合伙做生意，可谓是"诚招天下客，誉从信中来。"

杜根姑在安阳除了和我有生意来往外，还有两家合作单位，一家是窦公乡一个小商店，另一家是安阳市南街青年商店。杜根姑给窦公乡那家小商店发了三万元货物，后来几次前去要货款，都吃了闭门羹，对方胡搅蛮缠不给钱。安阳市南街青年商店需要八十万元的袜子。杜根姑没有那么多货，找到朋友陈厂长请求帮忙。陈厂长做买卖有经验，一看订单这么大，害怕有诈，就说：“这批货量太大，不能一次发，先给发6000元的货，如果讲诚信，咱们再继续发货。”

对方收到货物后，杜根姑前去收货款。安阳市南街青年商店的经理王贵臣以袜子质量有问题为名赖账，拒绝付货款。

面对三万余元的赖账，杜根姑一个弱女子束手无策。在走投无路的情况下，她想起了爱打抱不平的我。

我听了杜根姑的泣诉，气愤地说：“这哪是做买卖，是明目张胆地坑蒙拐骗，别怕，我帮你去要这两笔货款！”

我们两人首先来到窦公乡那家小商店，商店经理一看我跟来了，知道我的为人和脾气，就东拼西凑凑了两万多元，交给了我。我知道他实在是找不来钱了，就把钱交给杜根姑说：“没有要齐，还差两千多元，吃点儿亏吧，就当花钱买了个教训！”

大头都要回来了，杜根姑只有感激，还能有啥说的？

我俩又来到安阳市南街青年商店。个头矮小的王贵臣，看见我人高马大、身材魁梧，用利剑似的目光盯着他，心灵的防线彻底崩溃了。他害怕我，故意推托有事躲了起来，让姓张的副经理前来交涉。副经理大言不惭，什么话都说，在理屈词穷的情况下，胡搅蛮缠地说发的不是一等品。

我说：“你这是鸡蛋里挑骨头，缺德！”

那人死皮赖脸地说：“现在这世道，无商不奸啊！”

我一听，气坏了，“啪”的一拍桌子说：“商人都奸吗？那是旧社会，现在是新社会，奸商这一套吃不开，你把共产党和社会主义看扁了！”

一个女店员看我急了，走过来两手摇着我的膀子说：“李老板，别发火。”

我推开她的手，义正词严地说：“我不是你的老板，不给钱，咱走着瞧。”说完，我气呼呼地出去了。

那女的跟着送出门，娇声娇气地说：“李老板，消消气。你在哪里住啊？晚上我去看你。”

我头也没回地扬长而去。

到了晚上，果然有人敲门。我开门一看，是店里那个女的。只见她一米七的个头，瓜子脸，一双乌黑的眼睛流露出热情的火焰，白嫩的皮肤，隆起的胸脯，加上时髦的短袖丝网衬衫、粉底白花的裙子，衬托出女人曲线的魅力。那女人一进门就嗲声嗲气说：“李老板，你别跟我们的王经理、张经理一般见识。”

她边说边随手把门关上。“你看看，开着门把电扇扇的凉风都刮跑了。李老板，你一个人屋里连个电视都没有，多寂寞啊！我今天没有事，陪你说说话吧？”

床头上明明摆着电视机，那女人也看到了，却睁眼说瞎话。

我心里想，她要用美人计来腐蚀我，绝不能上当，便一脸严肃地说：“你没有其他事立马走人！我还有事，一会儿就有人来。”

“李老板，你这里不方便，咱去我那里也可以，晚上我一个人住，很方便。来时没注意，把腿磕了一下，你看看蹭了多大一块。”说着她就要掀裙子。

我厉声说：“你别来这一套，回去告诉王贵臣，该给的钱一分也不能少！”

那女的看我不上钩，只好灰溜溜地走了。

第二天，我和杜根姑再次上门，王贵臣二话没说，乖乖地把货款给了。

杜根姑在追债无望之时，因我拔刀相助，要回了货款，感激之情，溢于言表。

古人说：做官凭印，做人凭信。我经商讲诚信，经营有方，在朋友圈里被传为美谈。为此，常有人慕名来访，求我帮忙。不管熟人、生人，我总是有求必应，尽力而为。

一天，一个大约五十来岁年纪的人找上门来，自我介绍说他叫胡长秀，清丰县人，在清丰县豫剧团当团长，由于当时戏曲不景气，剧团解散失业了，失业后带领一些人自主创业，把公家补偿的二十万元赔了进去。胡长秀说：“老李哥，我听别人说，你无论做什么生意都能赚钱，俺是向您讨教经验的。”

我耐心地给胡长秀介绍自己做生意的经历。胡长秀听我说得头头是道，就请求道：“老李哥，我们的门市部算你的吧！你来给我们当领导行吗？”

我说：“那不行，我有自己的买卖，但我可以帮助你们。”

中国人自古就讲诚信、重承诺，既然答应帮他，就得说到做到。为了让胡长秀的公司早日盈利还债，我亲自担保给胡长秀进了一批货，并指导其销售。在我的帮助和指导下，他的公司很快有了起色，胡长秀也挣了一些钱。后来他把这个摊子交给了儿子胡海春经营。我继续帮他们，又把货发给了胡海春。胡海春二十出头，新婚不久，娶了个昆角演员，住在鹤壁市。小两口只顾卿卿我我，生意上疏于打理，所租的五间仓库，脏得无法进人。

一次，我去给胡海春送货，一进仓库门，灰尘迎面扑来，呛得人出不来气。一看这情况，我就火了，生气地说："小胡，就你这环境有法子放货吗？把货弄脏了怎样去卖？赶快把屋子打扫打扫再卸货。"说完，我就主动拿起扫帚打扫起来，打扫完五间仓库，弄得浑身上下都是土，连吐口唾沫都带土味。接着我又撒了点水，然后把货卸了进去。好吃懒做、生怕弄脏衣服的胡海春，竟一下也没有打扫。

到了收回货款时，胡海春不但赖着不给钱，而且要野蛮，找了两个膀大腰圆的地痞流氓，拿着棍子吓唬我。胡海春恩将仇报的做法，可把我气坏了。我根本就没把眼前的两个恶棍放在眼里，连吵带骂，将他俩训斥跑了。

君子爱财取之有道，胡家父子却是见利忘义的小人。这件事过后，我对胡长秀父子彻底失去了信心，心想：不能当东郭先生，也不能当保护僵蛇的农夫。我决定不再和他们合作共事，并对他们父子下了最后通牒：要么给钱，要么我把货拉走，两条路任他们选。由于他们拿不出货款，最后只好让我把货拉走。后来一结账，还欠 3800 元。我义正词严地对胡长秀说：“长秀啊！你也当过剧团团长，是个走南闯北的人，做人得讲良心啊！我好心好意帮你们，你们却恩将仇报，你儿子竟然威胁我，想动手打架。说起来这 3800 元我也不在乎，但由于你们这样对待我，这个钱你必须给，不给不行！”

胡长秀自知理亏，不敢再赖账了，但又实在拿不出钱，万般无奈之下，他说：“我实在没有钱了，但清丰还有我几十箱酒和一吨农药，你拉走抵了账吧！”

我没和他客气，用三辆农用运输车，把酒和农药拉回了家。村里谁家有个红白事，就从我家拿酒，没有多长时间，就把酒处理完了。农药放在家里，一直没有卖出去。

我处理完胡长秀的事情后，仍然回到安阳经营自己的经理部。一天，一位年轻女子慕名前来找我，一进门就说：“李老板，久闻大名，知道您为人仗义，爱打抱不平，我现在是走投无路了，求您帮帮我这个弱女子吧！”她说着，便扑簌簌地掉下眼泪。

我急忙劝说道：“别难过，有啥事慢慢说，看看我能不能帮上你！”

年轻女子说：“我叫陈兰香，是湖南浏阳人，给这里发了一火车厢鞭炮，到现在货款还没有要回来。我听人说你帮助别人要过账，就慕名来找你了。我是个国家干部，机关让我创业，于是就下海了，没想到商海险恶，被骗了。我丈夫叫刘连交，虽是公安局副局长，但是鞭长莫及，帮不上忙。”

我说：“你把货发到哪里了？”

陈兰香说："濮阳县城，一个叫曹正堂的人那里。"

我随陈兰香来到濮阳县城，正好把曹正堂堵到了家里。曹正堂的院子有二三亩大，院内放满了乱七八糟的东西，有拖拉机、犁、耙、台球案、沙发、啤酒等物品。

我没兜圈子，单刀直入地说："曹正堂！我叫李良杰，是来帮陈兰香要货款的，欠债还钱，天经地义，别欺负一个外地女子。"

我说得曹正堂理屈词穷，无言以对，只能点头哈腰地说："老李哥，我承认欠她货款，但真的没有钱，你既然来了，咱什么都甭说了，家里值钱的东西你们看上什么随便搬。"

曹正堂说到这个份上了，我也无可奈何，只好对陈兰香说："看来钱是没有希望了，你捡值钱的东西挑吧，挑够了就拉走顶账。"

陈兰香说："只好这样了。"于是，她雇了几辆卡车，把东西运到安阳装上火车，送到鞭炮厂抵了债。此后类似的事情还有几起，我帮外地客户讨到了公道，但也得罪了本地一些商贩。

身正不怕影子斜

我在生意场上认识了一个叫马莉的人。当时，市场上枸杞子和农药脱销，马莉听说我家中有一些顶账的枸杞子和农药，就找到我说："李老板，把你那些农药卖给我吧？"

我说：“你要多少？”

马莉说：“你有多少我全要了，开个价吧！”

我是南北胡同推小车——没有拐弯心，就实话实说：“这些农药是别人抵账抵给我的，一共一吨，当时按一块钱一袋算的，我不吃你的利，如果要，就原价拉走吧！”

马莉一听，欣喜若狂，因为她知道，这种农药在市场上俏销，可以高利润销售，由于怕我知道后反悔，她当即付了钱，把农药拉走了。谁知这件事竟给我惹出一场官司。

马莉随即转手将这批农药卖给了河北省一个县。她买我的每袋一元钱，她卖给人家一袋却高达十七八元，一吨农药她就赚了三万多元。

没有不透风的墙，这消息不胫而走，很快就在生意圈传开了。不少朋友见了我就说：“你真傻，放着钱自己不去赚，怎么把农药卖给马莉了？这次她可发大财了，两千块钱的货，一下子赚了三万多元。”

我深知“不义之财君莫取”的道理，不屑一顾地说：“做生意要讲诚信，要靠薄利广销，不能贪得无厌，牟取暴利，否则会倒霉的。”

真是不出所料，马莉赚的钱还没有焐热，麻烦就来了。买她农药的经销商怒气冲冲地找上门说：“马莉！这次你可把我坑坏了。我进你的农药，你说一袋打两亩棉花，可棉农按量喷药，一点效果也没有，棉虫仍然活蹦乱跳。买农药的农民天天堵住我的门子，让包赔损失。为了稳定他们的情绪，息事宁人，我只好白送给这些农民一些其他农药，才把事情平息了。这一下子我赔了三万多元，这些损失你得包赔我！”

马莉毫不示弱，两眼一瞪，大声说道：“我包赔你损失？没门！”马莉仗着自己是地头蛇，根本没把河北省的经销商放在眼里。

经销商一看马莉蛮不讲理，知道没有商量的余地，临走时怒目圆睁，“哼”了一声，对马莉说：“你这样做，别说我对你不客气，咱们骑驴看唱本——走着瞧！”

马莉一点也不服软，仍傲慢地说：“不客气又能咋的？我愿卖，你愿买，这是周瑜打黄盖——一个愿打，一个愿挨。”

没过几天，安阳市公安局来人把马莉和一个副经理抓走了。这时马莉才知道，经销商在讨要无果的情况下把她告了。马莉被关押了二十多天，赔了对方四万多元，才被放了出来。马莉一肚子怨气没有地方出，竟然想找我发泄。

一天，马莉领着她的女儿找到我，让我赔她四万多元。

肚子里没病死不了人，心中无事不怕鬼敲门。我义正词严地说：“这件事你甭跟我说，没有我的事。”

马莉的女儿还是个初中生，来时娘俩玩好的圈套，让她来无理取闹。

马莉女儿说：“甭跟你说，跟你没有关系？如果不是你卖给我妈农药，会出这个事吗？”

我反唇相讥道：“卖给你妈的农药我认账。当时我对她说一袋农药一块钱，打两分棉花地，她却十七八块一袋卖给人家，说能打两亩棉花地。没想到你妈的心肠这么黑，坑农害农。让她赔偿损失是报应，罪有应得。大家都知道茅台酒好喝，你一瓶酒兑十斤水还会好喝吗？”

我的话掷地有声，句句在理。马莉和女儿被说得张口结舌，无言以对，只好悻悻而去。

马莉找我交涉，没有占到上风，不服气，一纸诉状把我告到安阳市文峰区法院。法院给我下了传票，我只得走上法庭应诉。

庄严肃穆的法庭上，法官问我：“有人告你卖假药，这是真的吗？”

我愤怒地说：“谁说的，她是放屁！我卖给她一块钱一袋，一袋打两分地，她卖十七八块钱一袋，说一袋能打两亩地，要想有效果那才怪呢！”

经过唇枪舌剑的辩论，我有理有据，马莉多次被法官问得卡了壳。最后法官判定马莉夸大药效牟取暴利，对其上诉不予支持。

本想发一笔横财，没想到把赚的三万多元吐出还不算，又赔了一万元，真是“赔了夫人又折兵”。在法院败诉后，马莉咽不下这口气，找来一个武术教师和几个地痞流氓，故意放出话：如果我不赔损失，明天就抢我的布匹仓库；如果敢阻拦，就来个白刀子进去，红刀子出来！

我的几个孩子听说后，对我说：“咱们也找几个人吧，到时候别吃了亏。”

我根本就没有把这件事放在眼里，哈哈一笑说：“这件事你们都不要管，明天该干什么就干什么，我一个人就行了，兵来将挡，水来土掩。”

我的布匹仓库在安阳市的一个胡同里。当时，正值寒冬，我披了件军大衣，双手背在身后，站在胡同口。马莉雇用的武术教练和地痞流氓陆续到来，站在胡同口不远处，她租用的十几辆拉布匹的车也停在附近。

我铁塔似的站在那里，两眼射出绝不退让的目光，对着武术教练厉声说：“来人听着，今天咱有话说到明处。马莉赚取暴利，坑农害农，现在赔了钱是她罪有应得。你们不问个青红皂白，受她雇用来抢我仓库里的货物，谁敢摸摸仓库的门试试。我一不做，二不休，站得正，行得正，谁想和我较量，我奉陪到底！我参加解放军，南征北战，打了那么多仗，剿了那么多匪，我都没有死。现在是新社会，谁也别想胡作非为。我治不了你，还有公安局。知趣的趁早走开，否则叫你们没有好果子吃！”说完，我怒目圆睁，看着一旁那几个不三不四的人。

我掷地有声的话语和那利剑似的目光，彻底击溃了那几个人的心理防线，他们一个个灰溜溜地离开了。大约过了一个多小时，没有人再敢出头，拉排子车的人见势不妙，知道装不成布，也不约而同地拉起排子车走了。

自知理亏的马莉没敢露面，也没敢再来找我麻烦。她在安阳的生意圈里，从此信誉扫地。马莉这场官司告诉人们，失去了诚信，就等于和敌人一块来毁灭自己。

我的家庭退休制

改革开放以来，我只身闯荡江湖，在商海里打拼，把整个家都撂给了妻子。从两处宅院的建设，到儿女成家，都是妻子一个人在支撑着。妻子为儿女、为这个家操碎了心。每每想起这些，往事就会在大脑里显现。

闲暇没事时，我静下心来，开始静静地思考一些问题。我想，自1954年复员返乡，在这个偏僻的小村庄里，我已经度过35个年头。当时，只有我和母亲两个人，现在和老婆、孩子在一起，已成一大家子人了。那时是三间简易房，现在是两处院落。一处是老宅子，三间瓦房，一头起了一个高间，是个二层小楼，上面非常安静，我在上面读书、看报、听广播。一处是新宅子，建在从北头进街口路东的第二排胡同里，一溜十间瓦房，过道大门居中而建，正对上房门口。从街上到大门口仅有十几米距离，地势由低到高，是个慢上坡，成逐步上升趋势，水泥路面。进了院子，给人一种赏心悦目的感觉。一条主道直通上房，通往两侧的道路用大理石碎块铺成彩色路面，路两边种的是果树和花草。在花和树之间，还种有蔬菜。新宅子既有农家田园风光，又有都市花园气息。每当我对自己农家小院的生活感到心满意足时，内心深处就涌出对妻子的默默奉献的感谢。

1989年的春节悄然而至。奔波了一年的我，到这个时候才能停下来歇歇脚，全家人坐在一起吃个团圆饭，享受一下儿女绕膝的天伦之乐。

春节，天增岁月人增寿。我屈指一数，自己已经五十九岁，马上就要进入花甲之年。五十九个冬夏春秋，五十九年的风风雨雨，我盘点人生，从1944年被掳到日本当劳工，身处异国他乡，受尽凌辱折磨，到驰骋疆场，南征北战的戎马生涯，以及后来解甲归田，躬耕陇亩，商海弄潮，畅行天下，现在已是富甲一方、衣食无忧了。

在举家团圆的饭桌上，我在尽情地享受节日欢乐气氛的同时，看着已经成家立业的两个儿子、两个女儿和即将完成学业的小女儿丽君。就在这一瞬间，劳碌了半辈子的我想起了政府实行的干部六十岁退休制，于是，我做出了一个大胆的决定，决定从家庭的主导地位上“退休”，让孩子们自己去闯天下。我算了一下账，这几年挣的钱除了正常消费，还有三十二万元存款，不算多也不算少。我想：自己当了多年的兵，对国家算尽忠了；复员回家后，对母亲也尽孝了；这些钱留给孩子们，也就问心无愧了。

我先把退休的想法和老伴商量。我说：“英的娘，我感觉累了，咱们安度晚年，让孩子们去干，行吗？”

夫唱妇随的老伴说：“这些年啥事不都是你当家？你说咋办就咋办，俺听你的。”

我说：“我盘了一下账，咱总共有现金三十二万元，留下两万元咱俩花，那三十万元分给五个孩子，不偏不向，每人六万元。”

老伴不解地问道：“为啥给闺女也分钱啊？”

我解释说："过去是嫁出去的闺女泼出去的水，闺女没有继承权，传手艺是传男不传女，那是老封建。现在是新社会，提倡男女平等，生男生女都一样，女儿也是传后人。咱不能光喊在嘴上，要动真格的。手心手背都是肉，你说咱哪个不心疼？"

老伴听我说得头头是道、句句在理，也就同意了。

我又说："每个人六万元，他们自己支配，想做生意也好，不做生意也好，把这些钱存到银行，每年光利息和保值费也有一两万块，就是种地，也会过上好日子，你我都不会为他们的生活发愁了。"

老伴说："你说得是，就这样办吧！"

我幽默地和老伴逗乐说："咱俩现在就好比是五马分尸。"

老伴说："啥叫五马分尸啊？俺听不懂。"

我清了清嗓子，给老伴讲起"五马分尸"的故事。我说："秦朝时期，改革家商鞅，是咱内黄县梁庄镇人，创造发明了一种酷刑，用五匹马或牛拉扯人的头和四肢，向五个方向拉，把人撕开，又称'车裂'。商鞅因执法较严引起秦朝贵族的怨恨。孝公死后，惠文王继位，公子虔等人为报宿怨，告发商鞅有谋反企图，派官吏逮捕他。商鞅打算逃入魏国，魏人因公子昂曾中其计而丧师，故拒不接纳。商鞅不得已归秦，与其部下发兵攻郑，兵败被俘。惠文王车裂商鞅，并灭其族。有一个成语叫作法自毙，就是说商鞅的。现在咱俩挣的钱让五个孩子分了，这不是'五马分尸'吗？"说罢哈哈大笑起来。

我这一说，把老伴也逗乐了。老伴说："既然咱俩这样定了，改天开个家庭会，你就宣布一下吧。"

趁春节团圆期间，我把五个孩子叫到一起，召开家庭会。我一脸严肃、十分认真地宣布了我们的决定，最后说："你们兄妹五个中，丽君最小，还没有成家，姐姐、哥哥要多照顾她一些。"

早在几年前，我经营布匹的时候，丽英她们兄妹几个就转行搞起了图书，有了自己的生意。听我这么一说，大姐丽英不假思索地说："我是老大，让丽君跟着我干。"作为姐姐，丽英处处做表率，弟弟、妹妹都尊重她。有她来照顾丽君，我们夫妇也就放心了。

我说："我把你们放出笼子，你们展开翅膀飞吧！到时候看看谁飞得高，谁飞得远。今年生意场上有谁需要帮忙，我扶上马再送一程，明年我整六十岁，就当甩手掌柜的了。"

孩子们听了我这一席话，都很高兴，都想继续做生意，甩开膀子大干一场。看着孩子们个个情绪激昂，踌躇满志，我和老伴会心地笑了。

助儿女展翅高飞

孩子们都能独立闯荡了，谁也不给我找麻烦。我天天坐在家里读书、看报、收听广播，了解国内、国际新闻。

爱操心的老伴在家闲不住，心里牵着这个，挂着那个，经常奔波于李大晁村和安阳之间。在李大晁村，她心里想着儿女的生意；在安阳，她不放心我的生活起居。

看着来回奔波的老伴，我心疼地说："你在安阳帮孩子们照看生意好了，停一段时间我去看你们。"

一天，老伴兴高采烈地回来了，对我说："二儿子在武汉发展，二闺女在北京发展，几个孩子发展得都很好。"

听说孩子们都很争气，我很高兴。

后来，老伴要和孩子们去北京生活了，我故土难离，依然想要生活在家乡。

几年的时间一晃而过，儿女们担心父亲一个人在老家没有人照顾，执意要我去北京生活。

闯荡打拼了大半生，晚年我成了闲云野鹤。在孩子们的再三劝说下，我一个面朝黄土背朝天的农民，从偏僻的小乡村，来到祖国首都北京定居了下来，衣食无忧地颐养天年。

风雨人生，岁月如歌。无论是得意也好，失意也罢，具有良好心态的我，始终都能坚持做到"宠辱不惊，闲看庭前花开花落；去留无意，漫随天外云卷云舒"。

身居大都市，生活依然按部就班。我每天早晨六点起床，洗漱完毕，坐在书房读书看报，同时每天坚持收看中央电视台的新闻联播，了解国内外大事、党和国家的各项方针政策。

人生的路并不都是洒满阳光、铺满鲜花的，也有坎坷泥泞；生活不总是风平浪静，也有涟漪、浪花。来北京不久，大儿子李明刚就出事了。

那年是鼠年，明刚带了三十万元现金，来到河南某地一个印刷厂，印制跟鼠年有关的书籍。

一个打过交道的客户，知道明刚带了三十万元现金，起了歹心，设下圈套陷害明刚。他故意约了几个人，邀明刚在旅馆一起打牌。玩了没一会儿，突然闯进来几个公安局的人，说他们聚众赌博，把打牌的人全部拘留了，其他人很快就放了出来，唯独不放明刚。后来当地检察院的人也来了，鸡蛋里面挑骨头，说明刚印书时超印了，要罚款十万元。

这消息一传到北京，家里顿时乱作一团。我却淡然镇定地说："你们该干什么干什么，这个事情谁也不用管，我一个人去就可以了，没有什么大不了的。如果确实该罚，就交罚款；如果不该罚，一分钱也不交。现在是新社会，讲理说法，旧社会那一套军阀作风吃不开了。"

见到大儿子，我了解到，检察院并没有拘留他，仅仅是限制其人身自由，由四个干警在旅馆轮流监视。我又从儿子那里得知，原定是印五万本，现在改成了八万本，超印了三万本，需要报税。

检察院抓住明刚超印三万本书这件事，要罚款十万元。负责处理这件事的是黄副检察长，是个女同志。

我知道，这件事必须找黄副检察长才能解决问题。我来到黄副检察长的办公室，来了个先礼后兵。我客气地说："黄检察长，您好！我是李明刚的父亲。听说你是女中豪杰、黑脸包公，李明刚多印书的事我们可以补办手续，为什么非要罚款啊？"

她说了几条理由，我认为太勉强，便同他们讲理。这位黄副检察长在检察院的口碑似乎并不好，办公室里有几个人，不但不帮她说话，反而帮我。有人搬来椅子说："老同志，你别着急，坐下来消消气，慢慢说。"有人给我倒了杯水说："老同志，别发火，先喝口水。"

我连讽带刺的话语，说得黄副检察长脸上一会儿红一会儿白的，不得不自圆其说："老同志，你说的对，我也确实没有尽到我的责任。但是李明刚这件事，有人举报，我不能不管不问啊。"

最后，检察院查清举报李明刚超印图书的事是故意陷害，罚款是小题大做了，于是这件事不了了之。

一波刚平，一波又起。没过多久，二儿子又出事了。和二儿子李彦刚合伙做买卖的一个姓赵的东北人，拿着彦刚的十万元钱，买了一辆汽车，跑回东北老家了。彦刚和我商量怎样要回这笔钱。

我告诉儿子，要学会用法律这一武器来保护自己的合法权益，于是他把那个东北人起诉到了法院。法院派两名法官和我们父子去了东北。在东北那个县城，法官与当地公安局及时取得联系，扣下了那个人买的汽车，把汽车开到了宾馆。第二天吃过早饭，我们准备把汽车开回北京时，来到院子里一看，只见齐刷刷地站着三四十个年轻人，有的手持木棍，有的拿着砍刀，杀气腾腾，一派剑拔弩张的紧张气氛。这些人根本就没有把前来处理案件的警察放在眼里，上前阻挡，不让开车。

我什么场面没见过，几个小毛猴子能成精？我是打铁的不焊壶（含糊），气宇轩昂地站在车前说："你们这是干什么？" 然后，我指着那个姓赵的说："我儿子李彦刚和他做买卖，他拿我儿子的钱跑回老家，买了辆汽车，我们不应该把车开回去吗？"

没等打手接话，我又说："这样的场面我见多了，比这大的场面我经历多了。我是从枪林弹雨里钻出来的，想当年随四野南下，从华北打到华南，国民党反动派和土匪我都不怕，还怕你们吗？你们今天拿着棍子、砍刀，吓唬谁啊！连个烧火棍都不如。谁想要车啊？来吧！过了我这一关，车马上就可以开走，但是要看你有没有本事开走车。"

我说完，怒目圆睁，扫了一下周围的流氓打手。流氓打手们看我不是好惹的，有人就说："老赵，我有点急事，先走了啊！"说完也不等对方回答，转身就走了。

紧接着，那三十几个人很快就走光了。那个姓赵的成了光杆司令，呆若木鸡地站在那里，羞得有个地缝也想钻进去。最后，他头也不敢抬地溜走了。

森林广袤，什么鸟都有；商海宽阔，什么人都有。要经商就要处理好同客户的关系。我的体会是要用不同的方法对待不同的客户。基本的做法是：

用真诚感动客户，用信用招徕客户，

用道理说服客户，用正义捍卫客户，

用宽容接纳客户，用利益维系客户。

最后一条最为重要。商海茫茫，皆为利行，做生意都是为了赚钱，但君子爱财，取之有道，不能唯利是图，不能急功近利，不能斤斤计较，不能见利忘义。在利益分配上一定要兼顾到厂家、商家和顾客大众。商家不能只顾自己赚钱，必须分利给厂家，让利给客户。中国儒家鼻祖孔子也讲利和义，重视义利相随。他在《论语》中就说道："不义而富且贵，于我如浮云。"他主张以义导利，义利双行。经商以来，很多人见我很快致富，来找我讨教生意经，我说："我没有生意经，就这点经商体会，供你们参考。"

送人玫瑰　手有余香

汉代大儒董仲舒，将仁、义、礼、智、信并列为"五常"，视为最基本的社会行为规范。特别是有同情、友爱之意的仁，被列在第一位。孔子讲："不仁者不可以久处约，不可以常处乐，仁者安仁，知者利仁。"为富不仁者，不能长久。见利思义，取之有道，方可长长久久、和和美美。

没有经商前，我和当时的全国八亿农民的生活一样，不能说一贫如洗，但也没能脱贫。虽然我很穷，但我是“穷而仁”的。我虽然不是共产党员，不是国家干部，可我对党和祖国忠诚无二，相信人民的利益高于一切。无论到哪儿，不管干什么，我心中都装着国，怀里都揣着家。即使到了晚年，我仍是站在人生高坡的故乡守望者，时刻关注着国家的建设、关心着家乡的变化。

我从 1960 年辞掉内黄县邮电局代理局长职务返乡务农，到 1979 年土地承包到户，这二十年间，在生产队以老黄牛的精神出工出力，流血流汗，协助生产队干部千方百计增加农民收入，并在自己力所能及的范围内，最大限度地保护农民的基本利益。

1954 年我退伍后，国家发放给我的退伍军人补助金，我没花一分，全部送给了村里的困难户和孤寡老人。这些年，我每月有三百多元的退伍军人补贴，全年四千多元，全部捐给了窦公乡敬老院，用于敬老院的基本建设和老人们的生活开支。那些在敬老院颐养天年的孤寡老人，到现在还经常念叨我。

开始经商后，靠勤劳致富，手里有了点余钱，我便力争达到“富而仁”的境界。1990 年，政府号召农民集资办学校，提出“再穷不能穷教育，再苦不能苦孩子”。我当时还不富裕，但我把家里仅有的 1000 元钱捐给了学校，是全村捐资最多的一个。1996 年秋季的一天，李大晁村出了名的困难户李贵，到安阳市区找我，痛苦地说：“家里已穷到底了，我又得了脉管炎，这可是到绝路上了呀！”我像伺候自己的亲人一样，让李贵吃住在自己租赁的房子里，掏钱给他治病，并告诉他今后会长期给予经济上的资助。在治病期间，我多次把李贵背到浴池，给他洗澡、搓背、修剪脚指甲。李贵感动得热泪盈眶，发自内心地说：“您比我的父母兄弟还要亲哪……”村里规划整修街道，李根群因为缺少搬迁资金，成了“钉子户”，影响了村里的整体规划。在他犯难之际，我慷慨解囊，给他送去5000元，解了燃眉之急，使其顺利地在新宅基地上盖起了新房，村委会和李根群一家老小皆大欢喜。

特别是最近十几年里，五个儿女都很争气，他们各自在北京建立了自己的公司、工厂和商店，生意做得红红火火。儿女们有大小车辆三十多部，多次要给我配车，都被我拒绝了。我尽管年岁已高，出门无论远近，总是尽量坐公交车，住最便宜的旅店。儿女们在北京住的都是高档住宅。2001年，孩子们要给我买别墅，我说自己啥也不要。2009年，小儿子给我买了个别墅，是个三层小楼，想让我去住，我再次谢绝了他的好意。垂暮之年的我，住的仍是普通民房，生活还同过去一样简朴。馒头、玉米粥、红萝卜丝炒粉条仍是我固定的食谱。

我自己虽然艰苦朴素、省吃俭用，但村里和周边乡镇的群众，或经商办厂，或盖房看病，或求学进修，或搞种植养殖，只要找我求援，我总是倾力相助。李大晁村的李田仁、田大晁村的黄二德、关大晁村的徐贵喜和关福魁等村民都找过我，我都多少帮衬点，少则三五百元，多则六七千元，每次都是有求必应。虽然我总是反复交代："这点小事，不要外传！"但天长日久，这样的"小事"多了，还是不胫而走，被传扬了出去。

这些年来，我低调做人，热心助人，不但为困难户"输血"，还尽最大努力为他们增强"造血"功能。近几年，我通过老首长、老战友和各界朋友介绍，先后在安阳、上海、郑州、北京等地安排近四百个农民和下岗工人就业，使他们每月都有一定的固定收入。其中一部分人还由此脱了贫，致了富，盖起了楼房，购置了摩托车、汽车，成了村里的富裕户。

我觉得，不管是经商、还是办企业，所赚的钱都来自社会，就应该把它再奉献给社会。虽然我已经到了耄耋之年，但只要活一天，我就要向社会奉献一天！

最后的企盼

老话说：人之将死，其言也善。在即将告别人世之际，我向世人揭示了我这个草根的一生。可以说，我这一生有过苦难坎坷，也有过光荣辉煌。我自认我这一生是真诚的，对朋友、对人民是真诚的，对祖国、对民族是真诚的。我把自己的一生展示给世人，目的就是教育子孙，劝告世人。我这一生最大的经验，就是做人要真诚！真诚是忠诚的基础，忠诚是真诚的必然结果。没有真诚也不可能有忠诚。

还有一点经验：一个人的命运，离不开他所在的国家、所在的民族和所处的时代。国家积贫积弱、民族多灾多难、时代发展缓慢，草根阶层就会命运多舛、道路坎坷、前途黯淡；反之，国家强盛、民族兴旺、时代进步，草根阶层才能道路宽广、事业兴旺、前途光明。

正当我讲完我的故事时，中国共产党的十八大召开了。会议选举了新一届党中央，还提出要实现中华民族伟大复兴的中国梦。习近平总书记说：“实现中华民族伟大复兴，就是中华民族近代以来最伟大的梦想。”

习近平总书记在阐述中国梦时，把这个总目标分解为两个百年的目标：第一个是到中国共产党成立100年时，全面建成小康社会；第二个是到中华人民共和国成立100年时，建成富强、民主、文明、和谐的社会主义现代化国家。两个百年的奋斗目标，具体勾勒出了中国特色社会主义的宏伟蓝图，成为实现中国梦的里程碑式的标志，使全党、全军、全国人民有了具体的方向和目标，也使我这个行将就木的人看到了民族的未来和祖国的希望。

我已经过了靠梦想激励斗志的年龄，两个百年奋斗目标的实现我看不到了，但一个国家、一个民族，不能没有自己的梦想，不能不为自己的梦想而奋斗。中国梦凝聚了几代中国人的夙愿，体现了中华民族和中国人民的整体利益，是中华儿女的共同愿景。

梦在前方，路在脚下。空谈误国，实干兴邦。待到梦想成现实，家祭无忘告乃翁。这就是我这个草根的最后企盼。

2013 年元旦第一稿；

2013 年 3 月第二稿。

人生风采·屡建战功

1949年1月，李良杰加入中国人民解放军第四野战军一二一师通讯连，历任战士、副班长、班长，在部队服役期间屡立战功，曾立下五次一等功、三次二等功，为中国革命事业和民族解放事业做出了卓越贡献，享有国家功臣津贴。

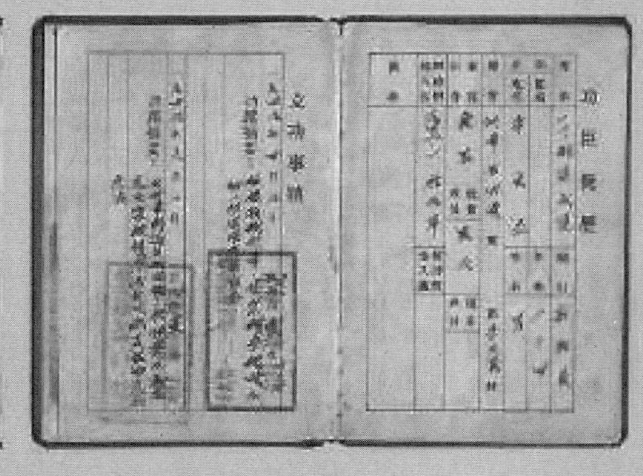

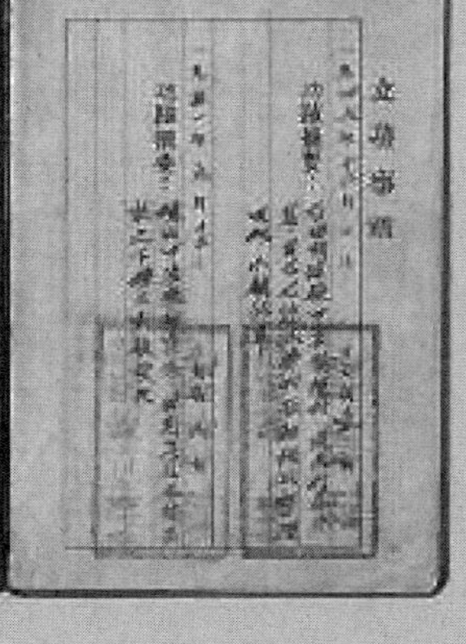

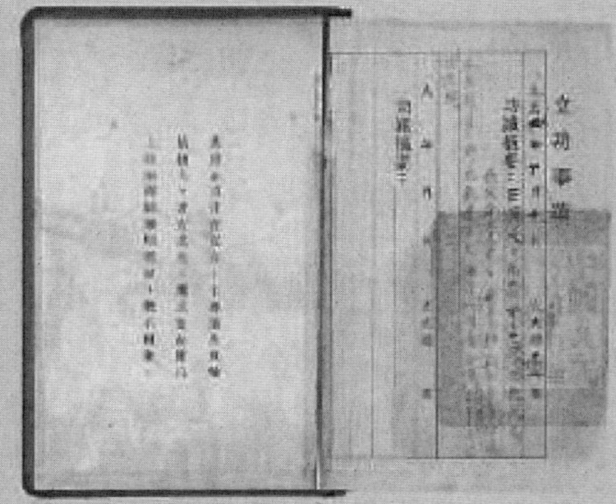

《立功证明书》原件